Winterfreuden – Winternot

Streifzüge durch Dresden in Schnee und Eis

Gastherausgeber
Alexander Kästner

Dresdner Hefte
33. Jahrgang, Heft 124, 4/2015
Herausgegeben vom
Dresdner Geschichtsverein e.V.
Gesamtredaktion
Hans-Peter Lühr

Inhalt

Alexander Kästner

Winter in der Stadt
Eine Einführung

Der Winter ist eine ganzheitliche Erfahrung. Er berührt alle unsere – zählen wir nach abendländischer Tradition – fünf Sinne:[1] Wir können den Winter sehen, hören, riechen, schmecken und fühlen. Schon Stadtbewohnern des 16. Jahrhunderts fiel z. B. auf, dass eine hinreichend dicke Schneedecke die Geräuschkulisse einer Stadt dämpft und nahezu Stille einzukehren scheint. Der Kölner Ratsherr Hermann von Weinsberg (1518–1597) notierte für den Morgen des 20. März 1568 in sein Tagebuch: »es fast stil uff der gassen war, dan es war deif gesneihet und snehet all mehe«.[2] Darüber hinaus bezog sich eine auch schon für damalige Zeitgenossen übergreifende Sinneswahrnehmung im Winter auf den Geruch der Stadt. Vor allem dicht besiedelte urbane Räume kämpften mit »olfaktorischen Herausforderungen«, also Gestank.[3] Dieser wurde durch die Entsorgung von Abfällen und Fäkalien in angrenzenden Gewässern vor allem in jenen Städten noch verstärkt, die von Kanälen mit geringer Fließgeschwindigkeit durchzogen waren, wie in Venedig oder den Niederlanden. Hier, aber auch in Dresden (dazu unten mehr), erleichterte das Zufrieren der Gewässer die geplagten Nasen der Menschen, führte zugleich aber zu neuen Problemen, besonders dann, wenn Exkremente und anderer Unrat nicht mehr abtransportiert wurden oder aufgestautes Eis zu Überflutungen führte.

Ganz andere Gerüche präg(t)en das besondere Flair von Weihnachtsmärkten, von Weihnachtsfest und Stollenessen, dem anderen Winter in der Stadt (hierzu der Beitrag von Heidrun Wozel).[4] Zu bedenken ist auch, dass der Winter per se nicht nur als kalte, sondern auch als dunkle Jahreszeit gilt. Welche Auswirkungen dies in der Vergangenheit auf Gesellschaft und künstliche Beleuchtung hatte (heute debattieren wir über die Folgen von »Lichtverschmutzung«),[5] untersucht Ulrich Rosseaux in seinem Beitrag. Wie auch immer, fest steht: Der Winter veränderte und verändert die sinnliche Wahrnehmung der Stadt.

Grundsätzlich folgt der Winter dem Rhythmus der Jahreszeiten. Dennoch ist er weder ausschließlich ein natürliches noch ein überzeitliches oder gar an allen Orten der Erde gleichermaßen existentes Phänomen.[6] Allerdings gilt der Winter, so der Klimaforscher Frank Sirocko, für die Beurteilung der Klimasituation in Mitteleuropa als die entscheidende Jahreszeit.[7] Gleichwohl gibt es selbst auf der Nordhalbkugel Unter-

Pieter Bruegel d. Ä., Die Jäger im Schnee, Gemälde 1565

schiede in den astronomischen und meteorologischen Zeitspannen des Winters sowie in seinen tatsächlichen Ausprägungen. Zedlers Universallexikon klagte 1748 darüber, dass der »gemeine Mann« ohne Gefühl für vermeintlich präzise wissenschaftliche Begriffe schlicht dann von Winter spreche, »wenn es kalt ist, daß es schneiet und gefrieret, daher, wenn man wahrnimmt, daß es zu einer Jahrs=Zeit, noch nicht gefrieret, oder schneiet, da sonst dergleichen geschehen, so pflegt man zu sagen: es wolle gar nicht Winter werden«.[8] Und so sprechen wohl auch heute viele Menschen bereits im November vom Winter, wenn es entsprechend kalt ist. In einem Gedicht eines bekannten Dresdner Schriftstellers über den traurigen Monat November heißt es dazu passend: »Der Winter sitzt schon auf den kahlen Zweigen.«[9]

Überhaupt spielen literarische und andere künstlerische Reflexionen des Winters eine wichtige Rolle für unser Verständnis dieser Jahreszeit. Wenn man den Blick auf die Geschichte der Neuzeit beschränkt, stehen vermutlich sofort Werke der niederländischen Genremalerei und Namen wie Pieter Bruegel d. Ä. (1526/30–1565) oder Hendrick Avercamp (1585–1634) vor Augen, die der Erfahrung des Winters eine ästhetische Form verliehen haben, die uns noch nach Jahrhunderten seltsam vertraut erscheint. Dennoch, um den Sinn dieser Bilder zu verstehen, braucht es mehr als den

Zugefrorene Elbe im Winter 1940/41, Foto: Max Nowak

Hinweis auf eine neue Klimaepoche – die sogenannte »Kleine Eiszeit« zwischen etwa 1300 und 1900, die durch markante klimatische Fluktuationen und eine Häufung von klimatischen Extremereignissen geprägt war.[10] Vielmehr ist Spürsinn für die kleinen Bilddetails und ihre symbolische Bedeutung gefragt, seien es auf den ersten Blick unscheinbare Figuren am Rande eines lebhaften Treibens im Schnee oder auf dem Eis (und damit am Rande der Gesellschaft), seien es Schlittschuhläufer auf riesigen Eisflächen als Metaphern für die Fährnisse des Lebens, die vielfältigen Allegorien des Scheiterns oder allgegenwärtiger Verführungen.[11] Kurzum, erst in seiner Vermittlung durch soziale und kulturelle Praktiken wird ersichtlich, welche Bedeutung wir dem Winter zuschreiben und auch wie ihn vergangene Gesellschaften erlebt haben und seine materiellen und ökonomischen Wirkungen deuteten.[12] Aphorismen- und Gedichtsammlungen ließen sich mühelos finden, um solchen Deutungen nachzuspüren und diese Einleitung mit allerhand feinsinnigen Zitaten aus der Literaturgeschichte seit der Antike zu füllen.[13] Damit wäre aber noch lange nicht erklärt, warum es sich lohnt, »Winter in der Stadt« als ein Thema in historischer Perspektive zu behandeln.

Die einer verklärten Fiktion von Natur und Landleben folgende moderne Auffassung, Städte und ihre Bewohner seien per se naturferne Erscheinungen, macht in his-

Eisvergnügen auf dem Teiche des Großen Gartens

torischer Optik wenig Sinn.[14] Man richte den Blick nur auf die sehr engen und wechselseitigen Verknüpfungen von städtischen und außerstädtischen Lebenswelten, die teils agrarischen Produktionsverhältnisse in der Stadt, Nutztierhaltung usw. und bedenke, dass Städte nie homogene Gebilde sind. Auch die Formen der Beschreibung von Naturphänomenen sind historisch nur bedingt als zwischen Stadt und Land gegensätzlich zu erkennen. Vielmehr verweisen ähnliche oder gleiche Formen auf einen gemeinsamen Erfahrungshorizont. Bereits vormoderne, medizinische Stadttopografien, die sich in die Tradition von Hippokrates' Schriften »Über Luft, Wasser und Ortslage« und »Über Epidemien« stellten, belegen, welchen enormen Stellenwert die Beschreibung städtischer Umweltgegebenheiten hatte, um – in diesem Beispiel – pathologische und epidemiologische Phänomene urbaner Gesellschaften beschreiben zu können. In einer vom königlich-polnischen Leibarzt Christian Heinrich Erndtel (1676–1734) verfassten medizinischen Topografie Warschaus (»Warsavia physice illustrata«, 1730) ist eine aufmerksame, beschreibende Naturbeobachtung ebenso zu erkennen wie eine experimentelle Naturerforschung, z. B. mit Hilfe chemischer Wasseranalysen.

Gleichwohl hat die Klima- und Umweltgeschichte zumeist ländliche Regionen untersucht, d. h. vor allem den das materielle Überleben menschlicher Gesellschaften sichernden Agrarsektor und dessen jahreszeitlich geprägten Lebens- und Arbeitsrhythmus. Nicht nur hinsichtlich der Versorgung mit Grundnahrungsmitteln, sondern auch

Der Eiswalzer

mit Blick auf den Weinanbau oder das Überwintern der kurfürstlichen Orangerie sind dies auch für Dresden zentrale Themen.[15] Erst in jüngerer Zeit rückte die Stadt stärker in den Fokus. Aufgrund der Komplexität aktueller Ansätze der Forschung, die z. B. die Folgen klimatischer Entwicklungen interdisziplinär und in historischer Perspektive untersuchen oder komplexe Stoffwechselströme zwischen städtischen Lebensräumen und ihrer Umwelt sichtbar machen (sogenannte metabolistische Ansätze), liegt der zeitliche Fokus derzeit wenig überraschend eher auf dem 19. und 20. Jahrhundert.[16] Für Sachsen und Dresden stecken sowohl die klima- als auch die umwelthistorische Forschung noch in den Kinderschuhen.[17]

Ein Schwerpunkt der aktuellen Forschung liegt auf klima- und witterungsbedingten Katastrophen, die aber in der Erinnerungskultur Dresdens – sieht man einmal von der Flut 2002 ab – deutlich hinter dem Drama des 13. Februars 1945 zurückstehen.[18] Das gilt vermutlich selbst für den katastrophalen Hungerwinter 1946/47[19] oder den Katastropheneinsatz im Januar 1979, bei dem tausende Dresdner/innen dabei mithalfen, die Stadt von jenen Schneemassen zu befreien, die seit Dezember 1978 von Norden kommend große Teile beider deutscher Staaten lahmgelegt hatten.[20] Guido Poliwoda skizziert den Umgang mit als katastrophal einzuschätzenden Umweltereignissen im vorliegenden Heft anhand der Eisfluten des 18. und 19. Jahrhunderts in Dresden. Dass der Winter andere Krisenphänomene verschärfen kann, zeigt Konstantin Hermann in seinem Beitrag zu den Kriegswintern 1813 und 1917. Auch das »Jahr ohne Sommer« 1816 mit seinen Missernten und Hungersnöten ist in diesem Zusammenhang zu erwähnen, zeigt es doch, wie global solche Phänomene hinsichtlich ihrer Ursachen und Folgen betrachtet werden müssen. Ursächlich für solche »Umweltkrisen« sind neben einer verringerten Sonnenfleckenaktivität (z. B. während des Maunderminimums 1645–1715) und sich verschiebenden Meeresströmungen bisweilen Vulkanausbrüche wie des Tamboro auf der indonesischen Insel Sumbawa 1815 oder des Laki auf Island 1783.[21] Als Folge des durch den Ausbruch des Laki ausgelösten harten Winters sind vor allem die Eisfluten im kollektiven Gedächtnis geblieben, die im Februar 1784 nach einem abrupt eingetretenen milden Wetter europaweit Verheerungen anrichteten. Enorme Geldsummen wurden in Sachsen und Dresden aufgewendet, um die Schäden zu beseitigen. Wasserröhren wurden wieder instand gesetzt, betroffene Häuser entschlammt und aus Furcht vor dem Ausbruch ansteckender Krankheiten ausgeräuchert.[22] Für die kurfürstlichen Gondeln wurde ein neuer sicherer Hafen im Graben am Zwinger geschaffen.[23] Nach dem Siebenjährigen Krieg verschärfte 1766 ein überaus trockener Herbst und danach einsetzender harter Frost die Situation für die Menschen in Dresden. Im Januar 1767 wurden so wie zu anderen Krisenzeiten auch Almosenkollekten durchgeführt, um die Not zu lindern. Zeitgleiche Vorstöße des Rats, das mittlerweile gefährliche Gewusel an bäuerlichen Schlitten in der Stadt stärker zu regulieren, stießen auf Vorbehalte, weil das Gouvernement (d. h. die für Dresden zuständige landesherrliche Militär- und Policeybehörde) befürchtete, die Bauern würden davon abgeschreckt, weiter Lebensmittel, die ohnehin schon sehr knapp waren, in die Stadt zu liefern.[24]

Bedeutsam ist das Thema Winter darüber hinaus auch – ohne Anspruch auf Vollständigkeit – für die Aspekte Wissenschaftsgeschichte, hier als Geschichte der Temperaturmessung,[25] der gelehrten Wetterbeobachtung und des überregionalen Austauschs von Messergebnissen in Briefen und Zeitungen[26] und von (im 17. und 18. Jh. ausufernden) Experimenten mit Kälte. Schließlich gilt es die Themenfelder Stadthygiene, Wasserhaushalt und Abwasserentsorgung, Nahrungs- und Brennstoffversorgung im Blick zu behalten.[27] Hierzu einige lose Beobachtungen am Dresdner Beispiel: Die Versorgung mit Brennmaterial war eine wiederkehrende Herausforderung. In Zeiten extremer Witterungsbedingungen wird dies besonders augenfällig. In den wirtschaftlich schwierigen 1920ern bemühte sich die Stadt rege, die Beheizung wenigstens einiger der vorhandenen Schulduschen zu gewährleisten, damit die Hygiene der Kinder sichergestellt sei.[28] Im Extremwinter 1740 galt es, Holzquellen im Tharandter Forst zu erschließen und gleichzeitig das knappe Gut vor plötzlichem Hochwasser zu schützen.[29] Bedürftigen wurden Holzalmosen ausgeteilt, seit dem frühen 19. Jahrhundert gefördert durch einen sogenannten Holzsparkassenverein, der mit dem städtischen Armenamt kooperierte. Die Zahl der Bedürftigen in Dresden wurde im Jahr 1830 auf über 5 000 bei etwa 61 000 Einwohnern geschätzt. Mit Hilfe privater, man könnte fast sagen protozivilgesellschaftlicher Initiativen wurden öffentliche Räume für den Tagesaufenthalt beheizt. Arbeitsbeschaffungsmaßnahmen von Manufakturbetreibern hielten zudem verarmte Handwerker und Lohnarbeiter über den Winter in Arbeit.[30]

Joseph-Hermann-Denkmal in Loschwitz (Marmor 1869): Rettung von Schiffbrüchigen aus der Eisflut in Kaditz am 24. Februar 1799, Foto privat

Dieser kurze historische Exkurs zeigt es schon: Leben und Überleben im Winter ist nicht für alle Menschen selbstverständlich. Auf der Straße ist Überwintern lebensgefährlich. Die Bundesarbeitsgemeinschaft Wohnungslosenhilfe e.V. schätzte in einer Pressemitteilung vom 3. März 2015, dass in Deutschland seit 1991 mindestens 290 Wohnungslose erfroren sind.[31] Zeit Online berichtete erst jüngst am 9. November 2015 vom »Tod im Winter« und einer drohenden Zuspitzung des Existenzkampfes am unteren Ende der Gesellschaft. Die vielerorts aufgelegten Winternotprogramme würden in Folge einer völlig verfehlten Wohnungsmarktpolitik und zusätzlich benötigter Kapazitäten für Asylsuchende kaum ausreichen.[32] Das Thema Kältetote macht Schule in journalistischen Lehrbüchern, kehrt alljährlich in der Presse wieder und erzeugt zumindest kurzfristig Betroffenheit.[33] Gesellschaftliche Einstellungen zu diesem Thema lassen sich aber so schnell nicht ändern. Dass auch in der Vergangenheit das Überleben in unbeheizten Räumen vor allem für Angehörige der Unterschicht und für soziale Außenseiter lebensgefährlich war, zeigen Berichte über erfrorene Menschen, hier exemplarisch nur ein Schicksal: Weihnachten 1798 erfror ein armer Theologiestudent in seiner Kammer unter dem Dach eines Hauses im Marktgässchen. Seine Kammer verfügte über keine Feuerstelle und er selbst lag bis auf die Socken entkleidet tot auf einer Bütte Stroh, seinem Bettlager, als die Hauswirtin ihn einige Tage später fand.[34]

Das Heizen vormoderner Häuser war eine andere Herausforderung als das Heizen gut isolierter moderner oder modernisierter Bauten. Deren Abwärme gestattet in der Regel nicht einmal mehr das Wunder von Eisblumen zu betrachten, über deren Ursprünge und kosmischen Botschaften unsere Vorfahren noch geistreich sinnierten.[35] Die im 18. Jahrhundert viel diskutierte Holznot brachte eine ganze Flut an Traktaten über das effektive Heizen hervor sowie technische Neuerungen wie Windofenröhren, deren seitlich aus den Häusern herausragenden Schlote die Gassen der Stadt massiv verqualmten. Weil sich Amtmann und Hofchargen bei ihrem morgendlichen Gang zum Schloss gestört fühlten, wurde wiederholt gezählt, wie viele solcher Schlote in der Stadt rauchten. Hinzu kam im 18. Jahrhundert die Nutzung von Kohlen, deren Verbrennung Mensch und Umwelt weit mehr belastete als das Verbrennen von Holz. Einige Bürger baten den Dresdner Rat sogar, das Verbrennen von Kohle zu untersagen, weil mitunter der Rauch aus benachbarten Wohnungen durch eine Unzahl von Ritzen drang und ein normales Atmen unmöglich machte.[36] Aber nicht nur die Bürgerhäuser galt es richtig zu heizen. Im kurfürstlichen Finanzarchiv sind Akten überliefert, mit deren Hilfe sich genau nachzeichnen lässt, welche Aufwendungen für das Beheizen von Behördenzimmern oder auch der Turmuhr des Schlosses notwendig waren, um bei Letzterer etwa ein Einfrieren der Mechanik zu verhindern.[37]

Der Winter ist nicht nur eine Herausforderung für Menschen, sondern auch für Tiere, was für viele Stadtbewohner heutzutage wohl nur noch in der Wintermode für Haustiere sichtbar ist. Im strengen Kriegswinter 1939/40, der mit anhaltendem Frost große Schäden im Dresdner Zoo verursachte, überlebten z. B. viele Jungvögel nur dank der Unterstützung und Pflege durch tierfreundliche Bürger.[38] In der vormodernen Stadt aber war die Bedeutung von Nutztieren in privaten Haushalten enorm, und neben der Wasserkraft waren bis ins 20. Jahrhundert hinein Pferde die entscheidende Kraft, um Dinge in Bewegung zu setzen. Zugleich waren ihre Exkremente wichtige Nahrungsquelle für eine Vielzahl anderer Tiere, mit denen sich die Menschen den Lebensraum Stadt teilten.[39]

Exkremente spielten im Winter überhaupt eine wichtige Rolle, weil man mit ihnen, in Form von Mist, geliefert von umliegenden Bauern, die Wasserröhren und Schleusen der Stadt bedeckte, um sie vor dem Einfrieren zu bewahren. Wiederholt kam es im Zuge solcher Maßnahmen zu Klagen der Röhrmeister und Röhrengewerke, dass es an Mist und Streu zum Schutz der Wasserleitungen mangele. Die Bauern der Umgebung, die eigentlich dazu verpflichtet waren, ihnen diesen »billigmäßig«, wie es hieß, zu verkaufen, würden stattdessen den Mist zu einem vermutlich höheren Preis an die städtischen Gartenbesitzer veräußern. Im Verlauf des 18. Jahrhunderts kommandierte das Gouvernement auch kurfürstliche Bauingenieure ab, die einige der zum Teil nur einen halben Fuß tief im Boden liegenden Röhren tieferlegen sollten, um diese besser vor Kälte und Frost zu schützen.[40]

Wasser war grundsätzlich überlebensnotwendig für eine Stadt, vor allem im Brandfall: Nicht umsonst galt in den Städten der Vormoderne der Winter als die Zeit größter Feuergefahr, weshalb auch der Dresdner Rat wiederholt anordnete, die in Häusern ohne eigenen Röhrwasseranschluss vorrätigen Fässer mit Löschwasser mittels Pottasche oder auf sonst eine geeignete Art eisfrei zu halten.[41] Hierfür und für das Abdecken der Röhrwasser waren die Bürger selbst verantwortlich, wenn über ihre Grundstücke Wasser- und Abwasseradern der Stadt verliefen. Wenn sie ihren Pflichten nicht nachkamen, blieben Streitigkeiten nicht aus. Den Röhrmeistern waren häufig die Hände gebunden,

Verschneite Uferpromenade in Dresden, Foto Walter Hahn, 1922

wenn sie nicht selbst allzu sorglos den Gefahren begegneten. Wegen Vereisung über-flutete Gärten waren da noch das geringste Problem. Im Stadtarchiv sind Dokumente überliefert, anhand derer wir heute noch Nachbarschaftsstreitigkeiten rekonstruieren können, die aus überlaufenden Kloaken, die häufig in den Kellern der Häuser lagen, in Folge vereister und verstopfter Abwasserkanäle resultierten.[42]

Gouvernement und Rat versuchten über Jahrhunderte hinweg mit Nachdruck, die zuständigen Anwohner dazu anzuhalten, den Weißeritzmühlgraben als die wichtigste Wasser- und Energiequelle der Stadt eisfrei zu halten bzw. Eisdecken mit Hilfe von Feuer und glühenden Stangen wieder aufzueisen.[43] In trockenen Sommern wie 1718 nutzte man gern die Gelegenheit, um die Elbbrücke zu sanieren und gegen die nächs-ten erwarteten Eisfluten zu wappnen.[44] Gleichwohl fror der Fluss im Vergleich zu den anderen Wasseradern der Stadt eher selten zu. Mitunter wurde die Fischerinnung herangezogen, um die Elbe im Bereich des Schlosses und die Festungsgräben von Eis zu befreien, bisweilen schoss man auch mit schwerer Artillerie, um die Eisdecke auf-zubrechen und einem gefährlichen Eisgang bei Tauwetter vorzubeugen.[45]

Das Tauwetter führt hier schließlich noch zu einem anderen Aspekt: Der Schnee im Winter war eigentlich weniger ein Problem als vielmehr dessen schnelles Auftauen im Frühjahr oder bei plötzlichen Wetterumschwüngen. Da die meisten Gassen und Straßen in der Vormoderne nicht gepflastert waren, verkoteten die Wege, mischte sich Tauwasser mit allerlei Schutt und Kehricht. Ebenfalls über Jahrhunderte hinweg versuchten Rat und Gouvernement mit Hilfe entsprechender Regelungen die Gassen frei zu halten. Stellt man die alarmistische Rhetorik dieser Erlasse einmal nüchtern in den Kontext der Kommunikation der Obrigkeit mit den Untertanen und hält sich die vergleichsweise wenigen überlieferten Problemfälle vor Augen, wird man wohl davon ausgehen dürfen, dass bei allen Fährnissen im Alltag das Schneeberäumen im Allgemeinen auch funktionierte. Allerdings tauchen in den Akten wiederholt jene Situationen auf, die auch heute noch manche Menschen aufs Äußerste reizen: Für das Jahr 1800 ist eine erste, sieben Seiten umfassende Eingabe eines Bürgers überliefert, der sich rhetorisch ungeschickt, aber voller Eifer gegen die seinerzeit neu eingeführte Verpflichtung zur Wehr setzte, den Schnee auf der Straße vor seinem Haus zu räumen.[46]

Anhand der überlieferten Archivalien ließe sich ein ganzes Buch über die Geschichte des Schneeschippens, die Organisation öffentlicher Schneeabladeplätze, die Einführung technischer Innovationen wie Streuwagen (angeboten etwa von der Maschinen- und Sprengwagenfabrik Otto Türcke) oder über die polizeiliche Reglementierung des Schlittschuh- und Schlittenfahrens (hierzu Christian Schuster und Alexander Kästner) oder Schneeballwerfens in Dresden verfassen.[47] Allein, dies kann weder Aufgabe dieser Einleitung noch des vorliegenden Heftes sein. Einerseits sollten hier einige Schneisen geschlagen werden für künftige Forschungen, andererseits dem Leser Assoziationen des Themas angeboten werden, um mit Interesse einzutauchen in die Winter-Geschichten, die die Autor/innen dieses Heftes zusammengetragen haben.

Anmerkungen

1 Robert Jütte, Geschichte der Sinne. Vom Altertum bis zum Cyberspace, München 2000.

2 Hier nach der digitalen Gesamtedition der autobiografischen Aufzeichnungen Weinsbergs, hg. von der Abteilung für Rheinische Landesgeschichte der Universität Bonn: Hermann v. Weinsberg, Liber Iuventutis, URL: www.weinsberg.uni-bonn.de/Edition/Liber_Iuventutis/Liber_Iuventutis.htm, Eintrag vom 20. März 1568 (letzter Zugriff am 25.11.2015). Mein Dank an Anja Schumann für den Hinweis auf diese Quelle.

3 Jo Wheeler, Stench in Sixteenth-Century Venice, in: Alexander Cowan/Jill Steward (Hg.), The City and the Senses. Urban Culture Since 1500, Aldershot 2007, S. 25–38.

4 Zur Geschichte des Stollens siehe Michael Schulze, Stollen. Geschichte und Gegenwart eines Weihnachtsgebäcks, Leipzig 2009. Auf die Geschichte des Weihnachtsfests und seine kulturellen Wandlungen kann hier nicht näher eingegangen werden.

5 Neben vielen anderen Ute Hasenöhrl u. a. (Hg.), Urban Lighting, Light Pollution and Society, London/New York 2015.

6 Siehe hierzu die Beiträge in Thierry Greub (Hg.), Das Bild der Jahreszeiten im Wandel der Kulturen und Zeiten, Paderborn 2013.

7 Frank Sirocko, Geschichte des Klimas, Stuttgart 2013, S. 150.

8 Johann Heinrich Zedler, Grosses vollständiges Universal-Lexikon, Halle/Leipzig 1748, Artikel »Winter«: Sp. 878–960, hier Sp. 878.

9 Erich Kästner, Die 13 Monate, Zürich 2001 (zuerst 1955), S. 28.

10 Wolfgang Behringer, Kulturgeschichte des Klimas. Von der Eiszeit bis zur globalen Erwärmung, München 2007, S. 119 f.; Franz Mauelshagen, Klimageschichte der Neuzeit, Darmstadt 2010, S. 29–32, 61–63.

11 Anstatt vieler einschlägiger kunsthistorischer Arbeiten sei hier auf die inspirierende Studie von Bertram Kaschek, Weltzeit und Endzeit. Die ›Monatsbilder‹ Pieter Bruegels d. Ä., München 2012, v. a. S. 261–301 und die dort angegebene Literatur verwiesen.

12 Zuletzt Paul S. Langslag, Seasons in the Literatures of the Medieval North, Martlesham 2015. Siehe

auch Dale B. J. Ramdall, Winter Fruit. English Drama, 1642–1660, Lexington 1995.

13 John J. Gahan, Ovid. The Poet in Winter, in: The Classical Journal 73, 3 (1978), S. 198–202; Quentin M. Hope, Winter Pastoral and Winter Reverie, in: Comparative Literature Studies 15, 3 (1978), S. 284–304.

14 Dieses Stereotyp wird allerdings auch noch in jüngeren Arbeiten bemüht, so etwa in Sophie Ruppel/ Aline Steinbrecher, Einleitung, in: dies. (Hg.), »Die Natur ist überall bey uns.« Mensch und Natur in der Frühen Neuzeit, Zürich 2009, S. 9–18, hier S. 9 und 15.

15 Eine Vielzahl grundlegender Arbeiten hat Christian Pfister verfasst; vgl. sein Publikationsverzeichnis unter URL: www.hist.unibe.ch/content/personal/pfister_christian/index_ger.html (letzter Zugriff am 14. 11. 2015). Zum Weinbau vgl. exemplarisch Dreßdnische Gelehrte Anzeigen, 2. St. 1775, Sp. 17–232 und 3. St. 1775, Sp. 34–42. Susanne Kiermayr-Bühn, Leben mit dem Wetter. Klima, Alltag und Katastrophe in Süddeutschland seit 1600, Darmstadt 2009, S. 77–97. Vgl. ferner die Schriftenreihe »Orangeriekultur« des Arbeitskreises Orangerien in Deutschland e.V. (Bd. 12 zu Sachsen).

16 Dieter Schott/Bill Luckin/Geneviève Massard-Guilbaud (Hg.), Resources of the City. Contributions to an Environmental History of Modern Europe, Aldershot 2005; Dieter Schott/Michael Toyka-Seid (Hg.), Die europäische Stadt und ihre Umwelt, Darmstadt 2008. Bahnbrechend sicherlich Susan B. Hanley, Urban Sanitation in Preindustrial Japan, in: The Journal of Interdisciplinary History, 18, 1 (1987), S. 1–26; PURL: www.jstor.org/stable/204726.

17 Siehe aber schon Dresdner Hefte 67 (2001): Von der der Natur der Stadt – Lebensraum Dresden. Heraus ragen sicher die Publikationen von Stefan Militzer; vgl. etwa ders., Sachsen – Klimatsachen und Umriß von Klimawirkungen im 17. Jahrhundert, in: Uwe Schirmer (Hg.), Sachsen im 17. Jahrhundert. Krise, Krieg und Neubeginn, Beucha 1998, S. 69–100; vgl. ferner Norman Pohl/Mathias Deutsch, Umweltgeschichte Sachsens. Ausgewählte Text- und Bilddokumente, Leipzig 2013.

18 Zur in diesem Punkt sehr speziellen Dresdner Erinnerungskultur vgl. Matthias Meinhardt, Der Mythos vom ›Alten Dresden‹ als Bauplan. Entwicklung, Ursachen und Folgen einer retrospektiv-eklektizistischen Stadtvorstellung, in: Andreas Ranft/Stephan Selzer (Hg.), Städte aus Trümmern. Katastrophenbe-

wältigung zwischen Antike und Moderne, Göttingen 2004, S. 172–200. Zum Stand der Katastrophenforschung in der Umweltgeschichte siehe den Überblick von Franz Mauelshagen, Disaster and Political Culture in Germany since 1500, in: Christoph Mauch/Christian Pfister (Hg.), Natural Disasters, Cultural Responses. A World History, Lanham/ MD 2009, S. 41–75.

19 Albrecht Schreiber, Hamburg im Katastrophenwinter 1946/47 – Stadtgeschichte aus Presseberichten, Lübeck, 2006; Alexander Häusser/Gordian Maugg, Hungerwinter. Deutschlands humanitäre Katastrophe 1946/47, Berlin 2010.

20 Eine z.T. minutiöse Dokumentation des Geschehens in Dresden 1978/79 findet sich in StA DD, 5.3.1.-Nr. 263. Im Unterschied zu den nördlichen Regionen Deutschlands kam Dresden deutlich glimpflicher davon.

21 Vgl. aus der Fülle der Literatur die hervorragende Einführung von Sirocko (2013), Geschichte. Ferner Gillen D'Arcy Wood, Vulkanwinter 1816. Die Welt im Schatten des Tambora, Darmstadt 2015 (engl. zuerst 2014); Gaston R. Demarée, The catastrophic floods of February 1784 in and around Belgium – a Little Ice Age event of frost, snow, river ice … and floods, in: Hydrological Sciences Journal 51,5 (2006), S. 878–898; John Grattan u. a.: Volcanic air pollution and mortality in France 1783–1784, in: Geoscience 337 (2005), S. 641–651; John Kington: The Wheather of the 1780s over Europe, Cambridge/NY 1988; Jan Munzar/Libor Elleder/Mathias Deutsch, The Catastrophic Flood in Februar/March 1784. A Natural Disaster of European Scope, in: Moravian geographical Reports 13, 1 (2005), S. 8–24; Anja Schmidt u. a.: The impact of the 1783–1784 AD Laki eruption on global aerosol formation processes and cloud condensation nuclei, in: Atmospheric Chemistry & Physics 10 (2010), S. 6025–6041.

22 Guido N. Poliwoda, Aus Katastrophen lernen. Sachsen im Kampf gegen die Fluten der Elbe 1784 bis 1845, Wien 2007, S. 62–84.

23 SächsHStA DD, 11254, Loc. 14634/6.

24 StA DD, 2.1.5.-F.X.54; Dreßdnische Gelehrte Anzeigen, 15. St. 1785, Sp. 113–118. Für den Kontext siehe John D. Post, The Mortality Crises of the Early 1770s and European Demographic Trends, in: The Journal of Interdisciplinary History 21, 1 (1990), S. 29–62.

25 Hasok Chang, Inventing Temperature. Measurement and Scientific Progress, New York 2004.

26 Für Dresden etwa Christian Gottlieb Pötzsch, Aus-
züge aus dessen täglichen Beobachtungen des Elb-
strohms [...], Friedrichstadt [b. Dresden, etwa 1778].
Zu Wissenschaftsgesellschaften und Naturforschung
in Dresden Denise Phillips, Acolytes of Nature. Defi-
ning Natural Science in Germany, 1770–1850, Chicago 2012.

27 Vgl. die Aufzählung bei Reinhold Reith, Umweltgeschichte der Frühen Neuzeit, München 2011,
S. 123–134. Für Dresden siehe etwa DREWAG
Stadtwerke Dresden GmbH (Hg.), Die illustrierte
Geschichte der Dresdner Trinkwasserversorgung,
Dresden 2002. Zur städtischen Wasserversorgung
Dresdens, insbesondere zu den vormodernen Röhr-
wasserleitungen hat der Dresdner Verein WIMAD
e.V. spannendes Material zusammengetragen und
technikhistorisch aufbereitet. Die Texte sind online
verfügbar über die Homepage der Frontinus-Ge-
sellschaft e.V. unter URL: www.frontinus.de/streif-
zuege/index.html (letzter Zugriff am 25.11.2015).

28 StA DD, 2.3.20-Nr. 408.

29 SächsHStA DD, 100036, Loc. 39640, Rep. 14, Nr. 15;
StA DD, 2.1.5.-F.X.48.

30 StA DD, 2.1.2.-B.XIII.108.l; B.XIII.108.m; B.XIII.111.e;
B.XIII.112.h; B.XIII.113.w; B.XIII.113.x.

31 Die Pressemitteilungen finden sich unter www.
bagw.de/de/presse/ (letzter Zugriff am 25.11.2015).

32 Timo Reuther, Tod im Winter, Zeit Online 9.11.15,
URL: www.zeit.de/politik/deutschland/2015-11/ob-
dachlose-fluechtlinge-konkurrenz-unterkunft-win-
ter/komplettansicht (letzter Zugriff am 25.11.2015)

33 Stefan Gottschling, Pressearbeit einfach machen. So
geht PR heute, Augsburg 2012, S. 32f., 94.

34 SächsHStA DD, 10079, Loc. 30736 Vol. V, ohne Blattzählung, Bericht des Dresdner Rats vom 24.1.1799.

35 Etwa Christian Pyrophilus, Unvorgreiffliche Meinung,
Woher es komme Daß das sich des Winters an die
inwendigen Fenster-Scheiben Anlegende Eis wie
Laub und Buschwerck aussiehet, Göttingen 1730.

36 StA DD, 2.1.3.-C.XVII.72; CXVII.139.d.

37 SächsHStA DD, 10036, Loc. 39612, Rep. 14, Nr. 41;
Loc. 3587, Rep. 8, Dresden Nr. 567.

38 Otto Sailer, Dresden. Unsere Tiergärten im Winter
1939/1940, in: Der Zoologische Garten, N.F. Bd. 13,
H. 1–2 (1941), S. 15–18.

39 Bernhard Kegel, Tiere in der Stadt. Eine Naturge-
schichte, Köln 2014; Clay McShane/Joel A. Tarr, The
Horse in the City. Living Machines in the Nineteenth
Century, Baltimore 2007.

40 Vgl. nur StA DD, 2.1.3.-C.XVIII.27 und 2.1.5.-
F.X.123.

41 Bspw. StA DD, 2.1.3.-C.XVIII.76, ohne Blattzählung,
Verordnung vom 5. Januar 1789 unter Verweis auf
die Verbesserte Feuer-Ordnung bey der Königl. Re-
sidenz-Stadt Dreßden, Dresden 1751, S. 14, cap. I
§ 36 (VD18 10559647, PURL: http://digital.slub-
dresden.de/id416584535).

42 U.a. StA DD, 2.1.3.-C.XVIII.27; 2.1.5.-F.I.3 und 4
(Nachbarschaftsstreitigkeiten); F.X.123; 2.1.6.-
G.V.10; G.V.18; G.V.29.

43 StA DD, 2.1.5.-F.X.28. Wunderbar auch folgende
Arbeit: Wolfgang Müller, Geschichten aus dem alten
Dresden. Mit dem Weißeritzmühlgraben durch un-
sere Stadt, Dresden 2011.

44 StA DD, 2.1.1.-A.XXIII.25.

45 SächsHStA DD, 100036, Loc. 34699, Rep. 41, Dresden, Nr. 188; 11254, Nr. 1125.

46 StA DD, 2.1.3.-C.XVIII.109, fol. 24r–27r.

47 StA DD, 2.1.5.-F.VI.166.q; 2.3.27-Nr. 97; 8.51.-
Nr. 416.

Heidrun Wozel

Weihnachtszeit

Zur Geschichte des Dresdner Striezelmarkts

Seit dem 15. Jahrhundert gehört der Striezelmarkt in Dresden zum Weihnachtsfest. Als erste Nachricht über die Marktzeit gilt ein landesherrliches Privileg vom 19. Oktober 1434. Damals bewilligten Kurfürst Friedrich II. und sein Bruder Herzog Sigismund der Stadt »vmb gemeines nutzes des armuths vnd vnser stadt zu Dresdenn besten vnd besserung willen« für die Dauer eines Jahres das Abhalten eines freien Marktes in jeder Woche an einem beliebigen Tag »vnd damit ingeschlossen des heyligen crists abendt«.[1] Diese vom Motiv des »gemeinen Nutzens« bestimmte Genehmigung zu einem freien Fleischmarkt war zwar nur befristet erteilt worden, doch der Markttag bürgerte sich ein. Die Stadt Dresden konnte dabei ihren Einfluss auf das städtische Umland vergrößern und trotz stetig steigender Einwohnerzahl den Bedarf befriedigen.

Das Privileg entsprach auch den Interessen der christlichen Bevölkerung. Der 11. November, der Tag des Heiligen Martin, bildete eine Zäsur im kirchlichen und wirtschaftlichen Leben, als Wintersanfang ebenso wie als Zahltag für Zinsen, Pachten und Jahreslohn. Danach begann die sechswöchige Advents- und Bußzeit, in der Fleischgenuss untersagt war. Der wachsende Bedarf nach dem Fasten machte es erforderlich, auswärtige Fleischer zuzulassen. Aus dem Fleischmarkt entwickelte sich so eine dauerhafte Einrichtung, bei der ein Festgebäck zur namengebenden Ware wurde, der »Striezel«. Um 1500 wurde der »Striezelmontag« in der Woche vor dem Heiligabend durchgeführt.

Von zinspflichtigen Weihnachtsbroten zum Markenprodukt »Dresdner Christstollen«
Der Ursprung des Backwerks lag vermutlich in einem eher faden Fastengebäck der mittelalterlichen Klosterbäckereien. Nach der altkirchlichen Fastenordnung war Enthaltsamkeit von Milch, Butter, Käse und Eier (Laktizinien) vorgeschrieben, doch diese Verbote lockerten sich allmählich. Um 1400 sind feine lange Weizenbrote oder »Stollen« als schmackhafte »Naturalsteuer« am Christabend »gezinst« worden. Sie waren eine Pflichtabgabe der Untergebenen an geistliche und weltliche Herren. In der zweiten Hälfte des 15. Jahrhunderts tauchte in Dresden das Backwerk unter den Namen »Christbrot«, »Striezel« oder »Stollen« auf. Kämmereirechnungen des Rates von 1496, 1499, 1506 und 1507 verzeichneten Beträge, die durch den Verleih von Brettern und Wagen zum Ausbreiten von Christbroten und Striezeln auf dem Marktplatz eingenommen worden sind.[2]

Im Christentum (wie in der jüdischen Religion) kommt dem Brot eine zentrale Bedeutung zu. Im Abendmahl, der mit Jesus gefeierten Tischgemeinschaft, wird das Essen des Brotes zum heiligen Geschehen, verwandelt sich eine alltägliche Handlung zum heiligen Mahl. Das gesegnete, das »heilige« Brot wurde gleichsam zum sakralen Gegenstand, dessen innere Kraft sich jedem mitteilte, der davon aß. Bis heute erinnert das gemeinsame Anschneiden und Verzehren des Weihnachtsgebäckes nach dem weihnachtlichen Kirchgang im Kreis der Familie daran. Es soll Segen spenden.[3] Die optische Ähnlichkeit der Striezel mit Wickelkindern lässt wiederum an das Jesuskind in der Krippe denken, das in der Heiligen Nacht den Menschen von Gott als Erlöser geschenkt wird.[4]

Von der christlichen Heilslehre wird in Anlehnung an das Matthäusevangelium als Werk der Barmherzigkeit die Speisung der Bedürftigen gefordert. Diese Pflicht wurde sehr ernst genommen, war doch mit der tätigen Nächstenliebe die Vorsorge für das eigene Seelenheil verbunden. Dem christlichen Auftrag entsprachen Wohltätigkeit, Almosenstiftungen und Nahrungsspenden. Zu Ostern und Pfingsten gab es für die Armen, Alten und Kranken in den Dresdner Hospitälern Eier, Würste und Kuchen; zu Weihnachten ließ man für sie Striezel backen. Eine Rechnung des Bartholomäus-Hospitals verzeichnete 1474 den Kauf von Christbroten für die Armen »uff wynachten«.[5] Die Dienstherren spendeten Wein, Bier, Wildbret und Backwerk für die gemeinsamen Gelage zum Ende des Arbeitsjahres. Auch der Bürgermeister lud in den Weihnachtsfeiertagen die Ratsherren nach altem Brauch zu einem Striezelessen auf Stadtkosten ein. 1560 vermerkten die Ratsakten, dass der »regirende burgermeister inn weynachtfeyertagen nach altem gebrauch dy herrn inn dy strutzel zcu laden und eynn abentcollation impensis senatus zcu geben pflegte«.[6]

Naturalien waren Bestandteile der Dienstbezüge, und noch Anfang des 17. Jahrhunderts erhielt jeder Ratsherr zu Weihnachten zwei Striezel. Es lässt sich nicht nachweisen, ob »Christbrot«, »Striezel« und »Stollen« auf ähnlichen Rezepturen beruhten, doch hat sich bis heute der Name »Striezelmarkt« erhalten, obwohl hier »Dresdner Christstollen« verkauft werden. Aufgrund der besonderen Wertschätzung, die dem von ihnen kreierten Backwerk zuteil geworden ist, erhoben die Dresdner Bäcker den Stollen zu ihrem Repräsentationsobjekt, zu dem bei festlichen Umzügen öffentlich vorzeigbaren Nachweis ihrer Könnerschaft. Die Nachricht, dass der Aufzug Dresdner Bäcker 1530 erstmals stattgefunden hat, steht am Beginn einer langen Tradition, die bis in die Gegenwart reicht und heute im Dresdner Stollenfest zum Striezelmarkt ihre zeitgemäße Fortsetzung findet.[7] Bis zum Ersten Weltkrieg hielt sich der Brauch der Bäcker, dem Landesvater zu Weihnachten zwei Stollen von 1,5 Meter Länge und je 36 Pfund Gewicht ins Schloss zu bringen. Seit den achtziger Jahren des 20. Jahrhunderts wird zur Eröffnung des Striezelmarktes auf der Marktbühne feierlich ein großer Stollen angeschnitten.

Heute bringen Dresdner Hausfrauen zum »Stollentag« nur noch selten die nach ihrem Familienrezept backfertig vorbereiteten Zutaten in die Backstuben – wie es seit dem 19. Jahrhundert bis in die 1970er Jahre üblich war. Sie kaufen inzwischen wie alle anderen ihre Rosinen-, Mandel- oder Mohnstollen beim »Bäcker ihres Vertrauens«. Wenn Stollen allerdings schon im Herbst in den Geschäften angeboten werden, wird christliches Brauchtum völlig ignoriert.[8]

Der Dresdner Altmarkt (mit Wochenmarkt), Gemälde von Canaletto, 1751

Niederlags- und Verkaufsrechte der Marktbezieher

Im Verlauf des 16. Jahrhunderts wurde der Striezelmontag als regelmäßige Veranstaltung so bekannt, dass er zur zeitlichen Orientierung diente. Eine Brückenamtsrechnung von 1548 gibt dafür ein Beispiel: »30 Groschen dem Brückenvogte am strotzelmontagk vorgenuget«.[9] Die steigende Nachfrage der Bürgerschaft und der zahlungskräftigen Hofgesellschaft lockten immer mehr Händler und Handwerker aus den benachbarten Ortschaften, aus dem Erzgebirge und der Oberlausitz, aber auch aus Böhmen nach Dresden. Der Rat der Stadt gab die Erlaubnis dazu, weil diese Waren meist billiger gehandelt wurden als die einheimischen. Seit Anfang des 17. Jahrhunderts gab es einen heftigen Rechtsstreit der einheimischen Gewerbetreibenden, die der Auffassung waren, dass der Striezelmarkt nur ein gehobener Wochenmarkt und kein privilegierter Jahrmarkt mit Marktfreiheit sei. Sie wollten den »bescheidenen Gewinn dieses Bürgermarktes« nicht mit Fremden teilen, die auch die städtischen Lasten nicht mittragen mussten. Bis ins 18. Jahrhundert prägten derartige Auseinandersetzungen die Marktakten. 1649 erklärte der Dresdner Rat das Feilhalten von auswärtigen Händlern als »allzeit bräuchlich gewesen«. 1655 wurde dann der Striezelmarkt den Jahrmärkten gleichgestellt[10] und 1698 bestätigte der sächsische Kurfürst den Händlern und Handwerkern aus Sachsen ihre langjährigen Niederlags- und Verkaufsrechte (Possessrechte). Danach wurde die Marktdauer auf drei, später auf acht Tage verlängert. Den Verkauf durch Auswärtige schränkte man von Fall zu Fall ein, auf ein oder zwei Tage.

In Marktbezieherlisten aus den Jahren 1704 und 1705 spiegelt sich das umfangreiche Sortiment an landschaftstypischen Waren von erzgebirgischen Spitzen und Posamenten bis zur Leinwand aus der Lausitz wider. Über die Anzahl der Kauflustigen schweigen die Akten. Aus der ersten Hälfte des 19. Jahrhunderts stammen gedruckte Verse eines unbekannten Dichters, die zum breitgefächerten Angebot erzählten, dass man hier zu großen Geldausgaben verführt wird. Zeitweilig galt die Grundregel »Ware bei Ware«, so dass zum Beispiel die Kupferschmiede, Bürstenbinder oder Kürschner mit ihren Ständen in Reihen vereinigt waren.

Nach dem Siebenjährigen Krieg wurde dann das Marktbild zunehmend von Händlern geprägt, die Erzeugnisse der neuen Manufakturen und Fabriken anboten, während die Aufzeichnungen aus dem 19. Jahrhundert vorwiegend den Verkauf durch sogenannte »Unzünftige«, also durch Arme und Kinder widerspiegeln. Es kam der Name »Kinderstriezelmarkt« auf. Jungen und Mädchen boten einfaches, oft selbst hergestelltes Spielzeug, Baumschmuck und – als Glücksfiguren zum Jahreswechsel – die »Schornsteinfeger von gebackenen Pflaumen« feil. Als »Dresdner Pflaumentoffel« avancierten sie zur Symbolfigur des Marktes.[11] Erst 1910 wurde auf Betreiben der Schulaufsichtsbehörde der Verkauf durch Kinder untersagt. Die Seiffener Holzfiguren der »Striezelkinder« erinnern noch heute an diesen Brauch.

Kinderbescherung mit Geschenken vom Striezelmarkt
Frühe Hinweise auf Geschenke für Kinder verdanken wir den Ratsakten von 1631 und 1697. Töpfer aus der Dresdner Umgebung, die Puppengeschirr zu niedrigen Preisen (»heilige Christ- und Kindergefäße«) zum Striezelmarkt mitbrachten, beriefen sich damals auf alte Possessrechte. Aus Meißen und Pirna machten sich Goldschmiede mit Kettchen, Kreuzchen und Anstecknadeln für Kinder auf den Weg nach Dresden. Sie handelten mit kleinen, preiswerten und ungestempelten Schmuckstücken unter 12 Lot Gewicht.[12] Steigende Nachfrage fand auch gedrechseltes und geschnitztes »Puppenwerk«. Es waren die Holzwarenhändler und Kaufleute vom Lande, im Volksmund nach ihren Spanschachteln »Schachtelleute« genannt, die bemaltes Kinderspielzeug anboten, das sie von erzgebirgischen Heimarbeiterfamilien aufkauften. Einige hatten bereits 1644 den Striezelmarkt bezogen.[13] Für die Absetzbarkeit der Spielwaren hatte der niedrige Preis entscheidende Bedeutung. Arbeitszeiten der Spielzeugmacher von 12 bis 17 Stunden galten z. B. 1906 noch immer als ganz normal; und auch die Kinder mussten zum Familienunterhalt beitragen.

Vor allem im Biedermeier entwickelte sich das Weihnachtsfest zum Höhepunkt bürgerlichen Familienlebens und zum Kindergeschenkfest unter dem Lichterbaum. Auf dem Striezelmarkt konnte der vielbesungene grüne Baum erstmals um 1800 gekauft werden. Er ersetzte bald die Pyramide als Mittelpunkt der häuslichen Bescherung.[14] Die Wertschätzung der Geschenke zur Kindererziehung erhöhte die Nachfrage nach Spielzeug zur Bescherung der »Artigen« und »Braven« durch das Christkind oder den Weihnachtsmann. Der Striezelmarkt und seine Atmosphäre, die die gemütvolle Inszenierung der häuslichen Weihnachtsfeier vorwegnahmen, wurden immer wieder von

Ludwig Richter,
Die Mutter am Christabend

Schriftstellern und Künstlern wie z. B. Wilhelm von Kügelgen und Ludwig Richter liebe-voll dargestellt. Aber auch die Bürger der Stadt schilderten in unzähligen Lebenserin-nerungen, Tagebüchern und Briefen den glücklichen Gang über den Weihnachtsmarkt.

Traditionsbildung im Spiegel der Ideologien
Im Jahre 1865 wurde die Zahl der Dresdner Jahrmärkte von fünf auf drei herabgesetzt, und noch bis in das 20. Jahrhundert hinein debattierten die Stadtverordneten über die Verlegung der Jahr- und Wochenmärkte und des Striezelmarktes in Außenbezirke und gar über ihre Abschaffung, weil sich die Märkte angeblich »überlebt« hätten. Als um 1900 die wachsende Großstadt mit zahlreichen Geschäften, Markthallen und schließlich auch Kaufhäusern glänzte, galten die hölzernen Marktbuden als »ärmlich«. Doch es erhob sich gegen jede Verlegung der Protest des Verbandes sächsischer Händler, Schau-steller und Marktreisender, so dass der Christmarkt in der Innenstadt verblieb.
    Nach dem Machtantritt der Nationalsozialisten wurde im Herbst 1936 das Heimat-werk Sachsen gegründet; als Schirmherr fungierte Gauleiter Mutschmann. Das von der NSDAP gelenkte Heimatwerk verfolgte das Ziel, die Erforschung der Landesge-

schichte, Volkskunde und Sprachentwicklung ideologisch zu beeinflussen und die praktische Brauchtumspflege, insbesondere die heimatgebundene Festgestaltung, im nationalsozialistischen Sinne zu prägen. Der Striezelmarkt sollte »volksverbundener« gestaltet werden und wurde auf dem Neumarkt und im Bereich des Stallhofes mit genormten Holzbuden »in Szene gesetzt«. »Volkstumsbeauftragte« des Heimatwerkes nutzten die festlichen Eröffnungen zu propagandistischen Auftritten, Turmbläser der Wehrmacht musizierten. Traditionelle sächsische Erzeugnisse waren nun bewusst in den Mittelpunkt des Marktes gerückt worden: Musikinstrumente aus dem Vogtland, Spielzeug aus dem Erzgebirge, Tonwaren aus der Lausitz und aus Westsachsen, Pulsnitzer Pfefferkuchen, Blaudruck, Pflaumentoffel. Für die Kinder spielte ein Kaspertheater. Die Kruzianer und der Bund Deutscher Mädchen (BDM) veranstalteten ein »offenes Singen« für alle Besucher. Zum ersten Mal hatte der Striezelmarkt ein Beiprogramm erhalten, das geschickt die Pflege sächsischer Traditionen mit der Absicht betrieb, dem »Heimatsinn und den Gefühlen der Bodenständigkeit und Volksverbundenheit« neue Impulse zu verleihen. Der Kunsthistoriker Fritz Löffler erinnerte sich: »Es war ein wenig von dem, was man heute als Nostalgie bezeichnet.«[15]

Wie wurde 1945 in einer Stadt, die zur Hälfte in Schutt und Asche lag, Weihnachten gefeiert? Bei einer aufgesparten Fleischration und teuren Backwaren vom Schwarzen Markt? Ein bescheidener Neuanfang gelang mit der ersten »Dresdner Weihnachts-

linke Seite:
Weihnachtsmarkt auf dem
Neumarkt in den 1920er
Jahren

rechte Seite:
Eingang zum Striezelmarkt
auf dem Theaterplatz,
Foto: Höhne/Pohl 1954

messe« im Saal eines Fabrikgebäudes an der Riesaer Straße. Die Abteilung Propaganda des Nachrichtenamtes der Stadt Dresden hatte in Zusammenarbeit mit politischen Organisationen, dem Jugendausschuss, dem Freien Deutschen Gewerkschaftsbund und der kommunalen Hilfsstelle »Opfer des Faschismus« die Weihnachtsmesse unter dem Motto »Jedem Kind ein Weihnachtsgeschenk« vorbereitet. Der Jugendausschuss und die Gewerkschaften stellten Spielzeug her, das gegen einen Sonderabschnitt der Kinderlebensmittelkarten verkauft wurde. Unter der Losung »Allen Kindern ohne Unterschied ein schönes Weihnachtsfest im Zeichen des Friedens« fanden Weihnachtsfeiern in den Stadtteilen statt. Dank vieler freiwilliger Helfer konnten die Bescherungen für Tausende von Kindern ermöglicht werden.[16]

Anfang des Jahres 1946 wurde die Stadthalle am damaligen Nordplatz an die Stadt Dresden übergeben. Fortan fanden hier die Weihnachtsmessen statt. Zum Konzept des Veranstalters gehörte ein festes Programm, das die Weihnachtsmesse mit dem Striezelmarkt und mit einer erzgebirgischen Volkskunstausstellung verband. Verkauft wurden Weihnachtsfiguren arbeitsloser Dresdner Jugendlicher, Spielzeug, Kunstgewerbe und Bücher. Erst mit dem Beginn des Wiederaufbaus kehrte der Striezelmarkt 1954 in das Stadtzentrum zurück. Ein großer Pflaumentoffel begrüßte die Besucher auf dem Theaterplatz, und ein großes Transparent »520 Jahre Striezelmarkt« ließ erkennen, dass man sich auch in der DDR der langen Geschichte des Marktes verbunden fühlte. Damals begann die Zählung der alljährlichen Märkte, die 2015 bei 581 angelangt ist. Seit 1955 fanden die Buden wieder auf dem Altmarkt Aufstellung. Bei der Suche nach bestimmten Waren half die Ausschmückung der Dächer mit entsprechenden Weihnachtsmotiven. Unter den etwa 100 Buden und Ständen, die seit 1977 regelmäßig in der Adventszeit den Platz säumten, dominierten neben wenigen privaten Händlern die staatlichen und genossenschaftlichen Einrichtungen HO und Konsum. Sportartikel, Kleintextilien, Trikotagen, Hausschuhe, Kurzwaren und Baumschmuck, Pfefferkuchen und Stollen zählten zum Angebot. Zu Weihnachten wurde die Bevölkerung mit zurückgehaltenen Beständen von Südfrüchten gleichsam »beschert«. Weil erzgebirgisches Kunsthandwerk als Devisenbringer für die DDR ins Ausland verkauft wurde, waren die beliebten Weihnachtsfiguren nur selten erhältlich. Um so mehr wurden in den Dresdner Familien die über Generationen vererbten Herrnhuter Sterne und Engel, Räuchermänner und Nussknacker, die Leuchterpaare Engel und Bergmann, die Pyramiden und Krippen sorgsam gehütet. Auf einer Adventskalenderbühne mit Märchenbildern wurde der Markt regelmäßig mit einem Kulturprogramm eröffnet, für das der Veranstaltungsbetrieb der Stadt Dresden verantwortlich zeichnete. Der Weihnachtsmann reiste mit wechselnden Fahrzeugen an. Trotz Mangelwirtschaft und Materialengpässen hielt das Bemühen um traditionellen weihnachtlichen Schmuck immer an. Die erste Großpyramide allerdings wurde mit »neutralen« Spielzeugfiguren bestückt. Der Bezug zu christlichem Gedankengut wurde öffentlich vermieden, ließ sich aber aus den Dresdner Weihnachtsstuben nicht verdrängen. Hier feierte man wie eh und je in Anlehnung an Traditionen aus dem Erzgebirge. Als in den achtziger Jahren der Anschnitt eines großen Stollens durch den Oberbürgermeister Aufnahme in das Eröffnungsprogramm fand, sollte das die alte Verbindung von Stadtverwaltung und Striezelmarkt symbolisieren.

Der Striezelmarkt in der »Weihnachtshauptstadt« Dresden

Nach 1989/90 konnte man sich wieder auf die Traditionen und das Sortiment von kunsthandwerklichen Erzeugnissen aus dem Erzgebirge besinnen – es war nun in ausreichender Menge auch für die einheimischen Käufer erhältlich. Neben anderen Weihnachtsmärkten der Stadt locken seither auf dem Altmarkt etwa 250 Marktstände, die mit Einfallsreichtum gestaltet sind, die Schaulustigen an. Das Größte und Schönste ist für den Striezelmarkt »gerade gut genug« – das zeigt sich beim begehbaren Schwibbbogen genauso wie bei der »weltgrößten erzgebirgischen Stufenpyramide«. Einzigartig ist auch die Eröffnung mit einem ökumenischen Gottesdienst in der Kreuzkirche. Das Kulturprogramm auf eigener Bühne wurde mit vielen historischen Bezügen erweitert und füllt die jährlich erscheinende Striezelmarktzeitung. Volkstümliche Elemente, zum Teil ins Folkloristische tendierend, spielen auf dem Markt eine große Rolle, aber natürlich auch ökonomische Interessen, die weit über die Marktleute hinaus in die Wirtschaft der Stadt und des Landes Sachsen wirken. Im Zusammenwirken von Stadtverwaltung, Händlerverbänden, Tourismusvereinen, Veranstaltungsagenturen und Historikern entstand eine festliche Erlebniswelt, die jährlich Hunderttausende Besucher anlockt.

Anmerkungen

1 Codex Diplomaticus Saxoniae Regiae. Urkundenbuch der Städte Dresden und Pirna. Im Auftrage der Königl. Sächs. Staatsregierung Hg. Von K. Fr. von Posern-Klett und Otto Posse (Zweiter Haupttheil. V. Band), Leipzig 1875, S. 158.

2 Stadtarchiv Dresden, Ratsarchiv: Kämmereirechnung 1496, 1499, 1506, 1507. Da hieß es 1496: »6 gr., 6 pf. von breten zu den christbroten uff weinachten« und 1499: »6 gr. von strutzelbretern uff weinachten ingenomen«. Die Kosten für das Leihen von Wagen ergaben 1507 eine ähnliche Summe: »6 gr., 6 pf. von strutzelwahen«.

3 Wer drei, neun oder zwölf solcher Brote gegessen hatte, blieb im neuen Jahr stark und gesund. Diese Auffassung lebt heute noch in dem Brauch fort, zwölf verschiedene Stollen zu kosten, um in allen zwölf Monaten Glück zu haben.

4 Wilhelm von Kügelgen, Jugenderinnerungen eines alten Mannes, Leipzig 1959, S. 73. Kügelgen: »Hier drängten wir uns des Abends gar zu gern umher, schwelgend im ahnungsreichen Dufte der Tannen, der Wachsstöcke, Pfefferkuchen und Striezel, die in einer, den Wickelkindern entlehnten Gestalt, reichlich mit Zucker bestreut, vor allen zahlreichen Bäckerbuden auslagen und Löwenappetit erregten!« Wir wissen nicht, ob er bei diesem Vergleich auf ältere Überlieferungen zurückgreift.

5 Stadtarchiv Dresden, Hospitalrechnungen Maternihospital 1466, 1467, 1470, 1471, 1485, 1509; Bartholomäihospital 1474, 1486, 1494; Brückenhofhospital 1540. An die Insassen des Materni-Hospitals teilte man an den Festtagen des Jahres Wein und Pfefferkuchen, zu Weihnachten aber Striezel aus.

6 Stadtarchiv Dresden, Ratsarchiv A. II. 25.

7 Als 1529 ein Weißbäcker die Sprengung der Stadt Wien durch die Türken verhinderte, soll Kaiser Karl V. den Bäckern das Recht verliehen haben, öffentliche Aufzüge zu halten.

8 Weil viele Menschen meinen, sie hätten ein Recht darauf, zu allen Jahreszeiten alles kaufen zu können, regte die Evangelische Kirche in Deutschland (EKD) 2008 mit der Initiative »Alles hat seine Zeit – Advent ist im Dezember« an, über den Sinn des Wechsels von Feiertagen und Besinnungszeiten nachzudenken und gegen ein alles bestimmendes Streben nach Wirtschaftlichkeit und uneingeschränktem Genuss vorzugehen.

9 Stadtarchiv Dresden, Ratsarchiv: Brückenamtsrechnung 1548; Ratsrechnung 1573.

10 Stadtarchiv Dresden, Ratsarchiv C XXX 28, Bl. 24 – 27, 29, 32 – 35, 53, 98, 109, 115, 116, 117, 130.

11 Das Vorbild für den als Essenkehrer gestalteten Dresdner Pflaumentoffel gaben die kleinen, sieben- oder achtjährigen Jungen ab, die die Kaminfeger nach einer obrigkeitlichen Genehmigung von 1635 beschäftigen durften, um von unten den Ruß aus den engen Essen herauszukratzen. Sie wurden auch Pflaumenruprechte genannt und erinnerten damit an die Begleiter des Nikolaus, den Ruprecht, der mit seiner Rute die unartigen Kinder bestrafte. Der Pflaumentoffel, der auf dem Christmarkt verkauft wurde, war sicher nicht nur eine Weihnachtsfigur, die man auf den Weihnachtstisch stellte, oder Naschwerk aus haltbarem Dörrobst, sondern auch ein Glücksbringer zum »Kehraus« am Jahreswechsel. Schornsteinfeger waren stadtbekannt; als gründliche »Schlotfeger« verhinderten sie Brände, und mit dem Austragen gedruckter Neujahrswünsche verschafften sie sich als »Glücksboten« einen Nebenverdienst.

12 Stadtarchiv Dresden, Ratsarchiv C XXX 28 Bl. 109; C XXX 92 Bl. 14 – 18.

13 Stadtarchiv Dresden, Ratsarchiv C XXX 26 Bl. 102.

14 Die Paradiesgärten (auch Christgärten, Weihnachtsgärten), in die die Weihnachtsbäume und die Pyramiden im 19. Jahrhundert gestellt wurden, erinnerten an das Paradies und an Bethlehem, die Krippe und an Christi Geburt. In vielen Familien bildeten sie neben Lichtergestellen, Vierstab- und Drehpyramiden weiterhin den zentralen Festschmuck. Der Brauch, einen Weihnachtsbaum für die ganze Familie aufzustellen, verbreitete sich erst allmählich bis in die ärmeren Volksschichten.

15 Heidrun Wozel, Der Dresdner Striezelmarkt, Husum 2009, S. 126 – 127.

16 Heidrun Wozel, Der Dresdner Striezelmarkt, Husum 2009, S. 130 – 133.

Guido Nicolaus Poliwoda

Eisfluten auf der Elbe im frühen 19. Jahrhundert und die Katastrophe von 1845

Der klimahistorische Hintergrund der Jahre 1783 bis 1845

Sachsen wurde zwischen 1784 und 1845 von wenigstens zwölf schweren Eishochwassern heimgesucht, die verheerende Schäden in Dörfern, Städten und Gemeinden anrichteten. Um zu verstehen, wie es zu einer solchen Katastrophenserie kommen konnte, erscheint es unerlässlich, sich die klimahistorischen Gegebenheiten dieser Jahrzehnte anzusehen:

Die Winter Europas waren in der zweiten Hälfte des 18. Jahrhunderts niederschlagsreich und kalt. Die Aktivität der Sonne war im sogenannten »Dalton Minimum« (1790 – 1830) langfristig vermindert. Nach der Temperaturreihe Berlins lagen die 1780er und 1790er Jahre etwa 1,4 bis 1,7 Grad Celsius unter dem Dahlemer Mittel (1909 – 1969). Prüft man für Mitteleuropa von der zweiten Hälfte des 18. Jahrhunderts bis 1830 die Temperaturen der Winter, so ergibt sich ein negatives Ergebnis. Die folgende Zeitreihe bildet die Grundlage für den gesamten Zeitraum. Die Häufung von Winterfluten zwischen 1784 und 1845 kann als deutliches Klimasignal gedeutet werden. Nicht nur die Ausnahmesituation des untersuchten Zeitabschnitts ist gut ablesbar, auch die Jahrtausendflut 2002 tritt als singuläres Ereignis hervor:

Schwere Fluten der Elbe in Dresden (Deutschland) 1501 – 2002

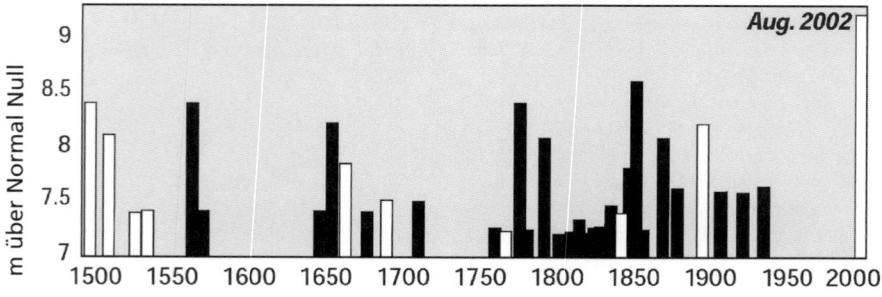

■ Winterhalbjahr (November bis April)
□ Sommerhalbjahr (Mai bis Oktober)

Die Fluten in den 1820er Jahren bescherten den Anrainern der Elbe abschnittsweise desaströse Schäden. 1823 hatte es wieder ein Winterhochwasser gegeben, das aber nicht ausführlich dokumentiert ist. Die Flut erreichte am 26. Februar etwa 5,30 Meter, dennoch richtete sie Schäden an der Brücke in Höhe von 5 798 Talern an, die das Brückenamt übernahm. Danach wurde »eine Bekanntmachung an die Uferbewohner erlaßen, wovon hierdurch [...] [dem] Stadtrath zu Dresden 6 Exemplare mit dem Ersuchen zugefertigt werden, solche durch Anschlag und Vertheilung, namentlich unter die Fischer thunlichst zu verbreiten.«[1] Die Forderungen von v. Nostitz, die Uferbewohner schriftlich zu instruieren, waren 1816 erstmals realisiert worden. Eine umfassende, insbesondere präventive Instruktion zur Katastrophenabwehr schien möglich zu werden.

Vor der Flut von 1826 erließ der Kreishauptmann des Meißnischen Kreises, Graf von Hohenthal, eine öffentlich angeschlagene Bekanntmachung: Eine höhere Anzahl an Signalkanonen wurde längs der Elbe positioniert, mit genauer Angabe der jeweiligen Standorte. Die Signalgebung erfolgte durch Soldaten. Ebenso wurde die auch von den Amtshauptleuten geforderte Vereinfachung der Signale durchgesetzt, damit die Landbevölkerung in die Lage versetzt wurde, die Signale zu verstehen. Die Schussabfolge wurde genau erklärt. An dem Ort, wo der Eisaufbruch stattfand, wurden drei Signalschüsse wiederholend bis zur Grenze abgefeuert. Als Vorankündigung für den nächsten Posten erhielten die Kanoniere »Signal-Raquetten«, die vor dem Beginn der Schussabfolge zu zünden waren. Sollte das Eis in Böhmen später als in Sachsen brechen, wurde dies mit demselben Gerät signalisiert. Die Lokalbeamten waren seit spätestens 1826 dazu verpflichtet worden, einen Eisschutz an den nächstgelegenen Artillerieposten zu melden. Der Posten hatte sechs Schuss abzugeben, und zwar dreimal zwei Schüsse unmittelbar nacheinander.

Die Katastrophe von 1830

Die Kälte im Winter 1830 war ein europäisches Großereignis, das den gesamten Kontinent im Griff hielt und auch in Sachsen Gegenmaßnahmen nötig werden ließ. Die Anwohner wurden aufgefordert, Schnee und Eis aus den Gräben zu heben, damit bei einsetzendem Tauwetter »dem Wasser freier Abzug verschaffet werde.«[2] Am 10. Februar wies die Uferbaukommission den Stadtrat zu Dresden darauf hin, »daß die Bögen der hiesigen Elbbrücke, auf das Schleunigste ausgeeist werden« müssten.[3]

Ähnlich schwer wie Sachsen wurde Österreich heimgesucht. Die Donau in Wien stieg äußerst schnell, so dass Rettungsmaßnahmen kaum angewendet werden konnten. Vergleichbar der Katastrophe von 1784 wurden die Menschen größtenteils ihrem Schicksal überlassen. Wie in Sachsen kündigten Kanonenschüsse das Unheil an. Die Zürcher Zeitung berichtete über die psychologischen »Begleiterscheinungen« während des Eisaufbruchs: »das Angstgeheul und Sturmgeläute machten einen furchtbaren Eindruck.« Die Flut forderte in Österreich über 80 Todesopfer und verheerende Schäden an diversen Orten. Seit 1799 war eine solche Flut über Wien nicht mehr hereingebrochen. So vernichtend das Hochwasser an der Donau wütete, so mitfühlend nahmen sich die Menschen der Betroffenen an.

Im »preußischen Sachsen« bewahrheitete sich einmal mehr, dass der Unterlauf der Elbe der am heftigsten gefährdete Bereich war. Der Torgauer Kreis wurde besonders zerstört. Am 1. März schob sich in den Krümmungen der Elbe, an den flachen Ufern bei Belgern und Mühlberg ein Eisschutz zusammen, wodurch das Wasser zu »einer noch nie gesehenen Höhe«[4] stieg. Abends um 18 Uhr überschwemmte die Elbe alle dortigen Dämme, brach sich einen neuen Weg ins Landesinnere, wogte stundenlang auf dem rechten Ufer und kam erst unmittelbar vor der Elster zum Stehen. Die Kommunikation brach im Kreis Torgau völlig zusammen. Auf dem linken Ufer sprengte die Elbe den 1827 neu gebauten Pausnitzer Elbdeich und überflutete, gewaltige Eismassen mit sich führend, zwölf Ortschaften. Diese Orte lagen außerhalb des gewöhnlichen Überschwemmungsgebietes und waren so schwer wie zuletzt am 1. März 1784 heimgesucht worden, damals stand das Wasser allerdings 1,7 Meter niedriger als anno 1830. Wie dramatisch sich die Situation im Torgauer Kreis gestaltete, ist einem Bericht aus Oelzschau vom 3. März zu entnehmen, den die Neue Zürcher Zeitung übernahm: »Unbeschreiblich ist die Noth und Bedrängniß seit den drey Tagen dieses Monats; von den meisten Ortschaften ist noch keine nähere Kunde vorhanden, man sieht jedoch die Leute auf den Dächern sitzen und mit Tüchern wehen; angstvoller Hülferuf tönt durch die Lüfte, aber nur einer Ortschaft, Staritz, konnte bis jetzt Hülfe geleistet werden, nachdem von dem anderthalb Stunden entfernten Städtchen Belgern ein Fahrkahn mit den dortigen Fährleuten herbeygeholt war.«

Aus dem Erzgebirge ging in Dresden ein Bericht ein, der von Überschwemmungen der Mulde, Zschopau und Flöha berichtete. Ein Eisschutz, der sich auf der Mulde gebildet hatte, drückte den Fluss aus seinem Bett, und dadurch wurden große Bereiche von Zwickau überflutet. Das Wasser stand über drei Meter hoch in der Stadt. Da keine Fähre bereitstand, konnten die Bewohner nur per Pferden gerettet werden. An eine »Sicherung ihrer zurückgelassenen Habseligkeiten bei dem gewaltsamen Zudrange des Wassers« war nicht zu denken. Auch die Flöha und die Zschopau verursachten an Häusern, Brücken, Wehren und Feldern enorme Schäden. Im Bericht wurde allerdings nicht erwähnt, welche Orte/Städte von diesen Flüssen betroffen waren.

Neuer Hochwasserschutz in Sachsen

Durch das Inkrafttreten der längst überfälligen Verfassung 1831 veränderten sich die Zuständigkeiten im Wasserbau. Hatte der Staat Baumaßnahmen durchzuführen, oblag dem Finanzministerium das Straßen-, Brücken- und Uferbauwesen. Juristische wie polizeiliche Belange des Wasserbaus und der Schifffahrt regelte nun das Innenministerium. Aufgrund der lange erhofften Verfassung verfügte Sachsen nun über eine gewählte parlamentarische Vertretung, welche die seit dem Spätmittelalter bestehenden Landstände ersetzte.

1835 kam es in Dresden zur Gründung eines Rettungsvereins. Der Verein wollte nicht nur Menschen beistehen, die durch Hochwasser, sondern auch durch Feuer in Gefahr und Not geraten waren. Diese zusätzlichen Maßnahmen sollten durchgeführt werden, ohne die staatlichen oder sonstigen Rettungsaktivitäten zu behindern. Die Bürger konnten sich in öffentlich ausgelegten Listen eintragen, wenn sie sich an den Hilfsaktionen beteiligen wollten.

1838 erschien eine Bekanntmachung, die insbesondere an die Bewohner der Ortschaften an der Elbe gerichtet war. Für Dresden kann festgehalten werden, dass sowohl Kähne als auch Rettungsmannschaften vor der Flut bereitstanden, was als Implementierung seit 1785 angesehen werden kann. Diesem Sachverhalt wurden mehrere öffentliche Schreiben gewidmet, was dafür spricht, wie intensiv sich die Dresdner Behörden mit der Prävention auseinandersetzten.

Die Eisflut von 1845 – Die Meteorologische Konstellation

Winterliche Verhältnisse setzen ab dem 3. Dezember ein. Bei klarem Himmel und Südostwind herrschten nach dem Réaumurschen Thermometer bis zum Ende des Monats vier bis sieben Grad Kälte, was fünf bzw. achteinviertel Grad Celsius entsprach. Der Januar war von frühlingshaften Verhältnissen geprägt, wobei in Dresden zehn Grad Wärme gemessen wurden und das auf Flüssen und Bächen gebildete Eis wegschmolz.

Der Februar war dann wieder von winterlichen Verhältnissen geprägt. Nach Regen und Schneefall sank das Réaumursche Thermometer auf 17 Grad Kälte (minus 21 Grad Celsius). Ab dem 13. Februar waren Fußgänger auf der zugefrorenen Elbe unterwegs. Diese Winterkälte,»welche den Zeitungen nach sich fast über ganz Europa, sogar bis nach Afrika (Algier) erstreckte«, hielt bei vier bis siebzehn Grad Kälte an. Starker Schneefall mit Verwehungen kam hinzu, was»mehrere Menschen das Leben gekostet hat.«[5] Die Schneefälle wuchsen sich zu Schneestürmen aus, die Dresden bis zu 60 Zentimeter Neuschnee pro Nacht bescherten. Dadurch erreichten nicht mehr alle Landwirte mit ihren Waren den Dresdner Markt, die Eisenbahnverbindung Leipzig–Dresden war teilweise unterbrochen. Diese Verhältnisse dauerten bis zum 23. März – an diesem Tag tummelten sich noch Schlittschuhläufer auf der zugefrorenen Elbe.

Am Nachmittag dieses Tages stellte sich wärmeres Wetter über Sachsen ein. Am nächsten Tag brach das Eis auf der Weißeritz auf und stieg deutlich an. Die Gefahr, dass die Weißeritz ihr Bett verlassen würde, war erst gebannt, als sich die Eisbarriere auflöste. Durch Schneeverwehungen waren Wege und Straßen teilweise immer noch unpassierbar. In der Nacht vom 26. auf den 27. März setzte wieder starker Frost ein. Die Eisdecke auf der Elbe war ungefähr ein bis zwei Meter dick. Noch am 27. März wechselte erneut das Wetter und nun kamen wärmere Verhältnisse zum Zug. Das Abwechseln von warmen und kalten Abschnitten als Vorspiel zu einer zerstörerischen Eisflut hatte man seit sechs Jahrzehnten immer wieder erlebt.

Die Behörden veranlassten alles Nötige und warnten die Bevölkerung, ihre bewegliche Habe in Sicherheit zu bringen. Bereits am 22. Januar war eine landesweit verschickte Bekanntmachung erschienen. Im Februar gingen die Fischer in Dresden daran, sowohl vor als auch hinter der Augustusbrücke aufzueisen. In die Weißeritz wurde ein Kanal gehauen, um dem Eis einen Abfluss zu ermöglichen. Dieses Vorhaben kostete die Mannschaften mehr Mühe als in den Jahren zuvor. Nie zuvor klagten die Fischer über derartige Schwierigkeiten. Am 24. März schrieb die Kreisdirektion in Dresden das Kriegsministerium an, es möge wegen des eingetretenen Tauwetters den Befehl zur Aufstellung des Signalgeschützes für Dresden geben und die für die Signalisierung benötigten Soldaten in Marsch setzen.

Die Situation entlang der Elbe

Aus den Orten Schandau, Königstein, Riesa, Strehla, Meißen, den Stationsorten der Gendarmerie Zschepa und Nünchritz wurden von den Einsatzkräften Berichte über Wasserstand und Eisstand nach Dresden geschickt. Diese Berichte trafen innerhalb von 24 Stunden bei der Kreisdirektion ein. Sie war das leitende Organ in der Hauptstadt, das die nötigen Maßnahmen zentralistisch verwaltete. Die Gendarmen berichteten über den Eisaufbruch und den steigenden Wasserstand am jeweiligen Pegel, über Schäden, sich zusammenschiebendes Eis usw. Auch aus Orten, an denen Kanonen positioniert waren, wie aus Rottewitz, berichteten die Soldaten über die Lage vor Ort und etwaige Gefahren. Aus Nünchritz ging eine Meldung über einen Eisschutz vor der Riesaer Brücke ein. Am 30. März meldeten die Gendarmen aus Nünchritz, dass der Damm bei Grödel kaum mehr zu retten sei.

Auch bei steigendem Wasser brach die Kommunikation zwischen der Peripherie und der Hauptstadt nicht gänzlich zusammen. Einen Tag später schilderte von Winkler, dass der Wasserstand der Elbe in Pirna denjenigen von 1784 überstiegen habe. Daher stünden »die auf beiden Seiten der Ufer gelegenen Ortschaften in einer alle Erwartungen übersteigenden Weise unter Waßer«.[6]

In Schandau, Königstein, Pirna und anderen kleineren Orten reichte das Wasser bis zur ersten Etage, »zum Theil sogar bis an die Dächer«.[7] Die Einwohner flüchteten sich mit ihrem Vieh und einigen Habseligkeiten auf höher gelegene Plätze und waren »so gut wie es geht untergebracht«. Die Forderung von 1820, erhöhte Plätze anzulegen, war umgesetzt worden. Die Lage in Schandau, Königstein, Riesa und Strehla war der in Pirna vergleichbar. Zwar schrieben die Polizisten, dass dort das Wasser bis an die Dächer reichte, aber ein Verlust an Menschenleben wurde aus keinem Ort berichtet. In Königstein war kein Pegel eingerichtet worden, deshalb musste der dortige Gendarm am 30. März die Höhe abschätzen. Er gab sie ein dreiviertel Ellen höher als 1830 an, was etwa einem Meter entsprach. An diesem Tag brachen die Dämme bei Promnitz, Grödel, Nünchritz und von Zschepa bis Lorenzkirchen, so dass nicht nur Promnitz, sondern auch Bobersen, Gohlis, Zschepa und Lorenzkirchen völlig überflutet wurden. Die Niederungen des Elbtales bei Schandau standen gänzlich unter Wasser. Weiter flussabwärts bot sich ein ähnliches Bild: Die Ortschaft Zschieren war von Wasser umgeben und ragte als Insel aus den Fluten. Da genügend Kähne bereitstanden, war Zschieren aber nicht völlig von der Außenwelt abgeschnitten.

In Meißen verzeichnete man am 31. März einen höheren Wasserstand als 1784 und 1830. In der Fuhrmannsgasse stand das Wasser »bis unter das Dach«, in anderen Straßen flutete es bis ins zweite Stockwerk der Häuser. Bei Görzig waren alle Elbdämme

Das Hochwasser in Meißen am 31.März 1845

überschwemmt oder gebrochen. Vergleichbare Berichte gingen am nächsten Tag auch aus Königstein und Riesa ein.

Bis zum 2. April sank das Wasser in Riesa auf acht Ellen und 15 Zoll, was 7,90 Meter entsprach. Die Dörfer rechts der Elbe wie Grödel, Promnitz, Bobersen, Möritz, Gohlis, Klein- und Großzschepa, Lorenzkirchen und Kreynitz waren immer noch vom Wasser umgeben. Am 1. April brachen die Dämme bei Promnitz, und die »zum dortigen Rittergut gehörenden Drescherhäuser [wurden] durch die Wasserfluth weggerissen«.[8] Danach beruhigte sich das Szenario, das Wasser lief ab, Straßen und Wege konnten nur notdürftig benutzt werden, weil die Flut in mehreren Orten das Straßenpflaster aufgerissen hatte. Zerstörungen an Häusern, Infrastrukturen, überflutete, eingerissene oder teilweise völlig zerstörte Dämme tauchten aus dem Wasser auf. Das Bild anno 1845 muss den katastrophalen Bildern vom August 2002 geähnelt haben. Die zerstörten Orte vermittelten damals den Eindruck, als wäre eine Bombardierung über sie hinweggegangen.

Die Lage in der Hauptstadt

Die Katastrophe von 1845 überstieg alle bis dahin gemessenen Pegelstände. Am 27. März brach das Eis auf der Elbe auf, und wie seit dem Ende des 18. Jahrhunderts kündete das Donnern der Signalkanonen vom Kommen der Eisschollen. Der Eisaufbruch erfolgte in Dresden »bei einem Waßerstande von ohngefähr I am hies. Elbmeßer«.[9] Das Eis setzte sich ruhig in Bewegung – Gefahr schien der Residenz vorerst nicht zu drohen.

Schaulustige und Gäste versammelten sich in Dresden am Ufer der Elbe, um dem Schauspiel beizuwohnen. Rettungsnetze lagen auf den Brücken bereit. Seit dem 29. März wuchs die Wassersäule beträchtlich. Die Elbe führte Holz und ganze Flöße, Teile eingestürzter Häuser, Fahrzeuge, Zäune und Boote mit sich, was davon zeugte, wie der Oberlauf bzw. auch Böhmen vom Hochwasser betroffen war. In der Friedrich-stadt, am Elbberg und am Mühlgraben sowie in gewissen Bereichen der Antonstadt begann man die Wohnungen zu räumen. Bereits am Morgen des 30. März war der Fluss über die Marke von 1799 gestiegen. Doch weder das Chaos von 1784 noch das Ausgeliefertsein wie bei der Flut von 1799 wiederholte sich. Die Dresdner Behörden reagierten professionell auf die außerordentliche Situation:»Wie aus der Fluth gezau-bert erhoben sich die Nothbrücken, Breter wurden von Haus zu Haus auf Böcke gesetzt […] bald rollten […] Kähne herbei; […] Pontoniers und Gondeliers leiteten sie (die Bevölkerung) im immer rascher wachsenden Wasser. [...] da alles in bester Ordnung geschah ereignete sich weder hier, noch irgendwo ein Unfall.«[10]

Nicht nur dass spezielle Kräfte des Militärs eingesetzt wurden, zeugte vom»moder-nen« Geist dieses Krisenmanagements, auch dass diese Kräfte angesichts steigender Wassermassen keine nennenswerten Probleme hatten, ihre Aufgaben auszuführen. Es gab einen souveränen Umgang mit der Situation. Das über Jahrzehnte sich wieder-holende, mehr oder minder sprachlose Ausgeliefertsein im Angesicht der Flut wieder-holte sich 1845 nicht! Die Polizei war in der Lage, die von der starken Strömung mit-gerissenen Baumstämme, die»gegen die Pfeiler (der Augustusbrücke) wuchteten, zu entfernen«.[11] Die Pfeiler der Brücke wurden auf beiden Seiten mit Soldaten besetzt. Sie hatten darüber zu wachen, dass niemand auf der Brücke stehen blieb und auch die Brückenpfeiler nicht betreten wurden. Allein um die Brühlsche Terrasse zu beauf-sichtigen, wurden»130 Mann Comunalgarde requirirt, welche das Publikum von dem auf der Terrasse befindlichen eisernen Geländer zurückzuhalten und die allgemeine Aufsicht zu führen hatten«.[12]

Der Eisgang ließ nach, doch die Fluten der Elbe stiegen weiter. Die Gefahr, dass das an den Ufern gelagerte und nun mitgerissene Holz die Wucht der Flut noch verstärken würde, hatte man noch nicht in allen Orten in den Griff bekommen. Hausinventar tanzte auf den eisigen Wogen der Elbe. Waren die bisherigen Beschreibungen von Augenzeugen im Angesicht der Fluten von Metaphern geprägt, die den Schrecken der Autoren widerspiegelten, so schilderten sie jetzt erhabene Aspekte:»einen groß-artigen Anblick gab in den Mittagsstunden der mit majestätischer Fluth fortrollende Strom«.[13] Auch die Leipziger Zeitungen äußerten sich dementsprechend:»Imposant und selten schön ist der Anblick der diesjährigen Eisfahrt.«[14]

Vom 30. auf den 31. März stieg die Höhe der Elbe nochmals an und übertraf die Marke von 1784. Die Soldaten ruderten die Menschen zu ihren Angehörigen, denn immer mehr wurden durch den steigenden Wasserstand in der Stadt voneinander getrennt.»Überall war bei aller steigenden Gefahr, Ordnung, Ruhe und Vertrauen auf die Einsicht der wahrhaft väterlichen Behörde.«[15]

Das Krisenmanagement erwies sich auch unter schwersten Bedingungen den Anfor-derungen gewachsen. Der Polizeikommissar Dresdens schilderte in seinem Bericht, wie die Wassermassen trotz aller Bemühungen die Menschen voneinander trennten, so auch Angehörige Sterbender, was er als»in hohem Grade ergreifend« beschrieb.[16]

Einsturz des Kruzifixpfeilers der Dresdner Augustusbrücke am 31. März 1845

Am 31. März erreichte die Elbe ihren bis dahin historischen Höchststand von 8,77 Metern, der erst im August 2002 übertroffen werden sollte. Große Teile der Stadt standen nun unter Wasser, auch die meist im Erdgeschoss befindlichen Fleischereien und diverse andere Geschäfte waren überflutet. Ein Mangel an Nahrungsmitteln wie 1784 entstand jedoch nicht.

Nahezu alle Quellen berichten von einem schockierenden Ereignis, das große psychologische Wirkung ausübte. Auf dem fünften Pfeiler der Augustusbrücke war ein Kruzifix errichtet. Aufgrund des chronischen und übermächtigen Wasserdrucks stürzte die Statue samt Teilen des Pfeilers in die eisigen Fluten. »Der Eindruck, welchen dieses Ereignis auf die versammelten Volksmaßen machte, war außerordentlich; es herrschte eine Totenstille und völlige Niedergeschlagenheit.«[17] Die Brücke wurde gesperrt, und erst nachmittags war es wieder erlaubt, diese zu passieren. In der Wilsdruffer Vorstadt mussten Pontons des Militärs eingesetzt werden. Ebenso forderte die Polizei einen Unteroffizier und zehn Soldaten für diesen Stadtteil an, um ihren Aufgaben nachkommen zu können. Zum Beispiel sorgte sie hier wie in der kleinen Fischergasse dafür, dass nicht nur die Gasbeleuchtung nicht ausfiel, sondern noch zusätzliche zehn Öllaternen installiert wurden, damit eine »vervollständigte Beleuchtung« gewährleistet werden konnte. Dieser Stadtteil war der am schwersten von der Flut heimgesuchte. Allein hier wurden 338 Familien vorübergehend obdachlos. Die Flut überschwemmte in Dresden insgesamt 16 Plätze, 53 Straßen, 858 Gebäude, 886 Familien verloren ihr Heim, wodurch 3 567 Menschen an anderen Orten untergebracht werden mussten.

Nach der Flut

An mehreren Häusern in der Stadt waren nach der Flut von 1784 Gedenktafeln angebracht worden, die auswiesen, wie hoch das Wasser damals gestanden hatte – 1845 waren vier dieser Marken übertroffen worden. Starben bei einem »schwachen« Hochwasser wie 1811 noch sechs Menschen, so waren 1845 weder in der schwer getroffenen Peripherie noch in der Hauptstadt Todesfälle zu beklagen. Der Polizeikommissar von Dresden stellte einen Katalog dessen auf, was bei dieser Flut nicht perfekt abgelaufen war und in Zukunft verbessert werden sollte. Eine in Dresden ansässige Dampfschifffahrtsgesellschaft hatte es versäumt, die Maschinen ihrer Schiffe rechtzeitig zu reparieren, sonst wäre mehr Hilfe von den Dampfschiffen zu erwarten gewesen.

In der Antonstadt standen nicht genügend Leichenwagen zur Verfügung, was zur Folge hatte, dass die Toten »während der Dauer mehrerer Tage nach dem Friedhof getragen werden mußten«. Der Polizeikommissar bemängelte, dass für die Friedrichstadt und die Wilsdruffer Vorstadt zu wenige kleine Kähne bereitstanden, die nötig waren, »um in die Gehöfte und Hausflure fahren zu können«.[18] Ebenso fehlten in der Friedrichstadt Böcke und Stege. Am 31. Mai dankte das Ministerium des Innern dem Polizeikommissar Pikert für seine »ausgezeichneten Dienste« während der Katastrophe. Er hob auch das »im Allgemeinen bewiesene gute Verhalten« der Polizeikräfte hervor.

Eine der ersten Maßnahmen nach der Flut galt, wie in den Jahren zuvor, der Gesundheit der Bürger. 1845 wurde mehr oder minder in derselben Weise verfahren wie sonst auch (Säuberung, Trockung und Wiederbezug der Wohnungen erst nach Besichtigung durch Experten). Am 4. April erließ die Stadtpolizeideputation von Dresden eine Bekanntmachung, um der Gesundheit ihrer Bürger vorzubeugen. Alle unter Wasser gestandenen Gebäude sollten gereinigt, getrocknet und gelüftet werden. Über einen Wiederbezug hatten Ärzte zu entscheiden. Um die Vorschriften zu überprüfen, wurden in der Bekanntmachung ärztliche Revisionen für die überschwemmten Gebiete angekündigt. Der Hinweis, dass »diejenigen, welche sich hierunter ungehorsam zeigen sollten, zur Verantwortung gezogen werden«, deutete die Erfahrungen an, dass die Wohnungen immer wieder zu früh bezogen worden waren.

Noch am 30. März erschien der Monarch in den überschwemmten Stadtteilen der Residenz und ließ 500 Taler an die Polizeidirektion aushändigen, damit diese davon Brot für die von der Versorgung Abgeschnittenen kaufen konnte. Unmittelbar nach der Flut stellte das Königshaus für Dresden 300 Taler Soforthilfe zur Verfügung, die für besonders Mittellose und Kranke verwendet werden sollten.

Bereits am 1. April richtete die Kreisdirektion in Dresden einen allgemeinen Aufruf an die Bewohner Sachsens mit der Bitte um Beiträge für die Flutopfer entlang der Elbe. Dieser Aufruf erging ebenso an die Leipziger Zeitung, die Meißner Kreisblätter und den Dresdner Anzeiger, um dort publiziert zu werden. Die Amtshauptmannschaften des Königreichs und die Magistrate der Städte, die nicht vom Hochwasser betroffen waren, wurden mit diesem Aufruf ersucht, in ihren Bezirken und Orten Sammlungen durchzuführen und die Spenden an die Kreisdirektion nach Dresden zu schicken.

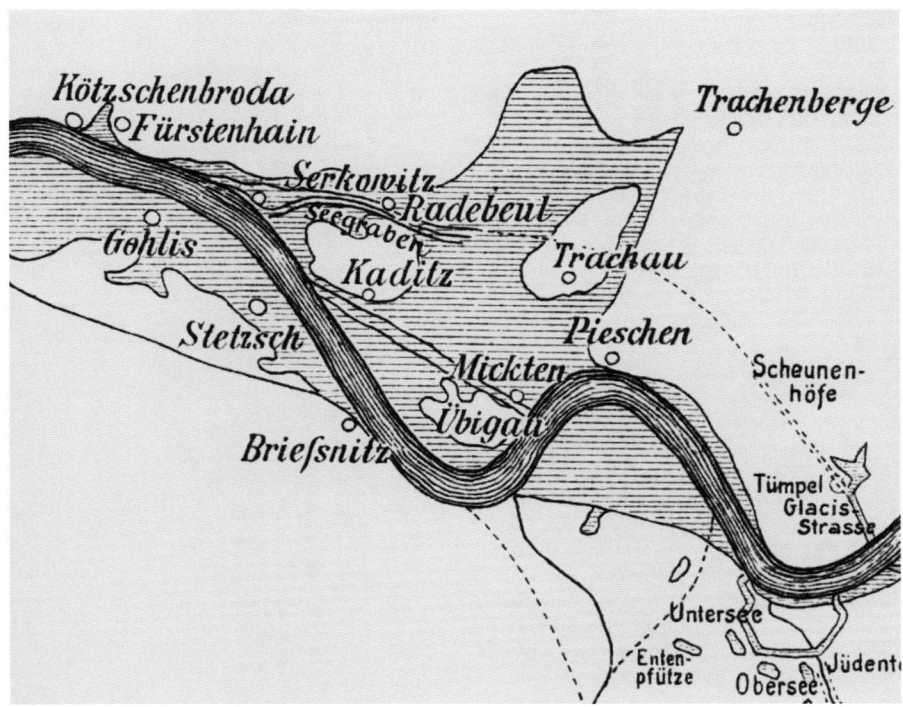

Überflutungsgebiet der Elbe bei Kaditz-Kötzschenbroda 1845

Die Autoren des Aufrufs appellierten an vaterländische Werte und betonten: »Es ist der Stolz unseres Vaterlandes, sich mit eigener Kraft aus jeder Noth emporzuarbeiten, so wird auch dießmal das ganze Land im Hochgefühl dieser Vaterlandsliebe freudig herbeieilen und schaffen, daß auch nicht jener verhältnißmäßig enger begrenzte Theil seiner Fluren, seiner Städte und Dörfer, mit ihren hart betroffenen Bewohnern unter der über sie gekommenen Noth erliegen möge!«[19]

Dieser Text ist die gekürzte und bearbeitete Fassung eines Kapitels meiner Dissertation, die unter dem Titel Guido N. Poliwoda, Aus Katastrophen lernen, Sachsen im Kampf gegen die Fluten der Elbe 1784 bis 1845, 2007 im Böhlau Verlag Wien, Köln, Weimar erschienen ist.

Anmerkungen

1 StAD: RA C XVIII 76b: Acta, Die beym harten Winter. S. 119.

2 StAD: RA CXVIII 76b: Acta, Die beym harten Winter. S. 160–163.

3 StAD: RA CXVIII 76: Acta, die Eisgänge des Elbstroms betr. 1823–1847. 10.02.

4 Neue Zürcher Zeitung. Nro. 22. Mittwoch den 17. März 1830. Deutschland, Wien, 6. März. S. 88.

5 StAD: RA GXXII 89c Vol. I: Acta. Die große Ueberschwemmung im Monat März 1845. S. 2a, b.

6 HStAD: Film 2075: Acta Den Elb-Eisgang und die Waßer-Fluth im Jahre 1845. S. 33.

7 Ebd.

8 HStAD: Film 2075: Acta Den Elb-Eisgang und die Waßer-Fluth im Jahre 1845. S. 49a, b.

9 StAD: RA GXXII 89c Vol. I: Acta. Die große Ueberschwemmung im Monat März 1845. S. 5a.

10 StAD: RA GXXIV 75: Anonym: Darstellung des Eisgangs und der Wasserfluth des Elbstromes in den letzten Tagen des Märzmonats 1845. O. J. o. S.

11 StAD: RA GXXII 89c Vol. I: Acta. Die Große Ueberschwemmung im Monat März 1845. S. 8b.

12 StAD: RA GXXII 89c Vol. I: Acta. Die Große Ueberschwemmung im Monat März 1845. S. 8b, 9a. Die Dresdner Polizei leitete die Bewachung der Augustusbrücke und der Brühlschen Terrasse.

13 HStAD: Ministerium des Innern Nr. 5619, II. Abthl.: Acta Die Elbüberschwemmung im Jahre 1845 betr. S. 87a–91b.

14 Leipziger Zeitung. No. 77. Montags, den 31. März 1845. S. 1205.

15 StAD: RA GXXIV 75: Anonym: Darstellung des Eisgangs und der Wasserfluth des Elbstromes in den letzten Tagen des Märzmonats 1845. O. J., o. S.

16 StAD: RA GXXII 89c Vol. I: Acta. Die große Ueberschwemmung im Monat März 1845. S. 9b.

17 StAD: RA GXXII 89c Vol. I.: Acta. Die große Ueberschwemmung im Monat März 1845. S. 9b.

18 StAD: RA GXXII 89c Vol. I: Acta. Die große Ueberschwemmung im Monat März 1845. S. 44a.

19 StAD: RA GXXIV 89c Vol. II, S. 5: Dresdner Anzeiger. No. 93. Donnerstag, den 3. April 1845. S. 1.

Weitere verwendete Literatur

Acta, die Eisgänge des Elbstroms betr. 1823–1847 (HStAD – Sächs. Hauptstaatsarchiv Dresden).

Wilhelm Schäfer: Chronik der Dresdner Elbbrücke, nebst den Annalen der größten Elbfluthen von der frühesten bis auf die neueste Zeit. Dresden 1848.

Alexander Kästner

Festliche Schlittenfahrten

Höfische Divertissements und Verpflichtungen der Stadt im 18. Jahrhundert

Die Geschichte der Stadt Dresden im Augusteischen Zeitalter ist trotz aller Mythen und Zerrbilder[1] sicherlich ohne die Geschichte des Hofes, seiner prunkvollen Festkultur und prachtvoll entfalteten Repräsentation nicht zu schreiben. Daher verwundert es zunächst nicht, dass wir über die Festkultur am kursächsischen Hof recht umfassend informiert sind.[2] Selten aber wurde bislang danach gefragt, was diese höfische Kultur für die Stadt selbst und für deren Einwohner jenseits der höfischen Gesellschaft konkret bedeutete. Erst Ulrich Rosseaux hat in seiner 2007 erschienenen Studie zu Unterhaltung, Vergnügen und Erholung in Dresden systematisch und prägnant herausgearbeitet, dass die Festkultur in der Residenzstadt insgesamt als eine Symbiose zwischen bürgerlicher Hofnutzung und höfischer Stadtnutzung beschrieben werden kann – eine Symbiose, die mithin im Verlauf des 18. Jahrhunderts von einer zunehmenden Verbürgerlichung einzelner Fest- und Vergnügungselemente charakterisiert war.[3]

An diesen grundlegenden Befund anschließend werde ich im Folgenden knapp skizzieren, welche Bedeutung den solennen (festlichen) Schlittenfahrten der Hofgesellschaft als einem typischen Wintervergnügen zukam und welche Verpflichtungen und Lasten für die Stadt mit diesem Amüsement verbunden waren. Zwar finden sich diese Schlittenfahrten hin und wieder randständig in einschlägigen Publikationen oder in der älteren Tagespresse als historische Kuriosa erwähnt, doch ist diese spezifisch winterliche Vergnügung für den Dresdner Hof im Unterschied zu anderen Höfen bzw. Städten bislang kaum systematisch untersucht worden.[4] Einzig Uta Deppe hat in ihrer wichtigen Arbeit zur Festkultur des Dresdner Hofs in der zweiten Hälfte des 17. Jahrhunderts auf wenigen Seiten Schneisen geschlagen und einige zentrale Quellen aufgearbeitet.[5]

Grundsätzlich reihten sich die Schlittenfahrten in ein breites Spektrum winterlicher Karnevalsaktivitäten ein. Andernorts gehörten sie auch zum Repertoire studentischer Fest- und Repräsentationskultur.[6] In Dresden waren diese, ebenso wie in anderen protestantischen Residenzen, durch ihre Einbindung in die höfische Festkultur vor dem Zugriff der lutherischen Territorialkirche geschützt.[7] Prägende Elemente waren neben den obligatorischen Redouten (Maskenbällen), weiteren Verkleidungsbanketten, Komödien, Rennen und künstlichen Jahrmärkten (sogenannten Mercerien, 1721 beispielsweise mit etwa 450 Buden)[8] auch regelmäßige Schlittenausfahrten der Hofgesellschaft mit bis zu 50 Schlitten. Nachdem eine solche Schlittenfahrt für den 14. Januar 1583 mit 17 Schlitten erstmals erwähnt worden war, hat es den Anschein, als ob Kurfürst August (1526–1586) sehr schnell Gefallen an entsprechenden Ausfahrten fand. Noch im gleichen Monat wurden entsprechende Fahrten wiederholt, die dann auch stets mit einer Tafel im Hause eines hochrangigen Mitglieds des Hofs endeten.[9]

Unter Kurfürst Christian II. (1583–1611) fand 1601 eine solenne Schlittenfahrt statt. Über die Form der zu dieser Zeit und auch später verwendeten plastisch durchgebildeten Rennschlitten, in denen die Damen im Schlittenkasten saßen, während die Kavaliere auf einem Sitz dahinter Platz nahmen und den Schlitten lenkten, sind wir unter anderem aus Entwürfen des Universalgenies Giovanni Maria Nosseni (1544–1620) und Abbildungen des Malers Daniel Bretschneider d.Ä. (um 1550–1625) informiert, von denen hier eine exemplarisch abgedruckt ist. Zahlreiche Museumskataloge geben darüber hinaus Auskunft über die zu dieser Zeit verwendeten Schlitten und deren kunsthistorische Kontextualisierung, auf die hier nicht eingegangen werden kann.[10] Johann Georg II. (1613–1680) hatte am 13. Januar 1667 eine exklusive Schlittenmaskerade aufgeführt, an der sich 26 kostümierte Kavaliere und Damen beteiligten und die im Druck verbreitet wurde. Dabei kamen die bereits 1601 unter Christian II. verwendeten Schlitten erneut zum Einsatz, die Uta Deppe in ihrer Studie zur Festkultur des Dresdner Hofes auch anhand eines Stallhofinventars nachweisen konnte.[11]

Die Anziehungskraft der solennen Schlittenfahrten auf das Publikum, vor allem aber der Reiz, selbst aus Status- und anderen Gründen Schlitten zu fahren, war sehr groß. Wenngleich die Begründungsrhetorik entsprechender Erlasse stets behutsam zu interpretieren ist, wurde zumindest das Bedürfnis, sich auch weiterhin erfolgreich sozial abgrenzen zu können, so groß, dass unter Kurfürst Johann Georg III. (1647–1691) im Februar 1682, und damit zur Schlittensaison, eine Ordnung des Schlittenfahrens erlassen wurde. Nach dieser war es beispielsweise allein Adligen sowie nichtadligen Hofbediensteten, die mindestens den Rang eines Obristen bekleideten, vorbehalten, zum Vergnügen Schlitten zu fahren – allerdings nicht tagsüber und abends zeitlich beschränkt. Zudem wurde die Anzahl der Geläute auf eines beschränkt, das aus Sicherheitsgründen am Halsband des Pferdes anzubringen war.[12] Allen nichtadligen Personen wurden Schlittenfahrten zum Zwecke privaten Vergnügens grundsätzlich unter Androhung schwerer Strafen verboten. In der Folge handhaben die Gouverneure von Dresden die Vergabe eines Permits zum Schlittenfahren recht restriktiv und sozial exklusiv. Wie die Akten des Gouvernements nahelegen, ersuchten vor allem Personen des höheren Adels um Erlaubnis.

Kurfürst Friedrich August I. (1670–1733) fand nach einer solennen Schlittenfahrt am 11. Februar 1721 so sehr Gefallen an diesem Vergnügen, dass er für den 13. Februar eine größere Fahrt mit 48 Schlitten, aufgeteilt in vier »Esquadrilles« zu je zwölf Schlitten, anordnete. Hierbei fuhr die Gesellschaft aus der Stadt heraus in den Großen Garten, wo ein Schlittenrennen der mit Damen besetzten und von je einem Kavalier geführten Schlitten stattfand, das als »Schlitten-Damen-Ring-Rennen« bezeichnet wurde.[13] Hierbei mussten die Damen mit einer Art Lanze Ringe im Parcours treffen.

Kurfürstliche Schlittenfahrt, aquarellierte Zeichnung von Daniel Brettschneider d. Ä., 1602

Anhand der Aufzeichnungen des Oberhofmarschallamts lässt sich nachvollziehen, dass die vierte Gruppe unter Führung des illegitimen Sohns Augusts des Starken, Moritz von Sachsen (1696–1750), den Wettbewerb gewann.[14] Ein Damenrennen fand erneut am 17. Januar 1728 statt, diesmal als ein »Haupt=Divertissement« während des Besuchs des preußischen Königs Friedrich Wilhelm I. (1688–1740). Aufgrund von Tauwetter an den Tagen zuvor ließ der sächsische Kurfürst angeblich über 300 Wagen zum Transport von 1 000 Fuhren Schnee kommandieren, um die Durchführung des Schlittenrennens sicherzustellen. Wie gleich noch zu sehen sein wird, sind solche gedruckten Berichte allerdings mit Vorsicht zu genießen, sollten sie doch stets und vor allem auch die Machtfülle der jeweiligen Herrscher demonstrieren.[15]

Auch für die Fahrten des Jahres 1721 war jeweils eine Piste präpariert worden, womit das Gouvernement den Rat beauftragt hatte. Die Stadt musste ohne größeren Jubel auch die Kosten hierfür tragen sowie mit dem Umstand leben, dass ein Teil der wie jeden Winter mühsam und kostspielig aus der Stadt geschafften Schneemassen nun wieder hereingekarrt wurde, um eine angenehme Fahrt zu ermöglichen. Auf welchen Quellengrundlagen die wiederholt verbreitete Aussage beruht, über 100 Bauern hätten 1721 über 1 000 Fuhren Schnee heranschaffen müssen, ist nicht ganz ersichtlich. Es dürfte sich hierbei aber entweder um eine Vermischung unterschiedlicher Berichte zu verschiedenen Anlässen (s. o.) handeln oder aber um eine der zeitgenössisch üblichen Übertreibungen, die sich indes bis zum heutigen Tag eignet, die Besonderheit des Ereignisses zu illustrieren. Legt man die im Ratsarchiv überlieferten, nüchternen Kostenaufstellungen des Rats zugrunde, wurden 1721 mit großem Aufwand zehn Gespanne und weitere 30 Lohnleute eingesetzt, die an nicht einmal zwei Tagen den Schnee zunächst auf die Fuhrwerke schaufelten, diesen danach an der Piste aufhäuften und vor Beginn der Schlittade ausbreiteten.[16] Wenn man um des Vergleichs willen mit ähnlichen Kosten pro Fuhre wie im Jahr 1740 (4 Groschen) rechnet und in

Betracht zieht, dass die Gesamtaufstellung des Rats mit 31 Gulden und 20 Groschen noch weitere Kosten, wie die Absperrung der Hauptroute, beinhaltet, können 1721 insgesamt wohl kaum mehr als 160 Fuhren Schnee bewegt worden sein ... was allerdings immer noch einen erheblichen Aufwand bedeuten würde!

Hinzu kam dann als Verpflichtung der Stadt noch, dass die Bürger ein bewaffnetes Spalier zu bilden hatten, während dessen sie der Anblick der prachtvollen Hofgesellschaft gewärmt haben mag. Bereits Otto Richter hatte darauf hingewiesen, dass die Bewaffnung der Bürger grundsätzlich zu wünschen übrig ließ und in keinem Fall den Bedingungen der Wehrverfassung entsprach. Und so wurden auch in diesem Fall am 11. Februar 1721 aus dem kurfürstlichen Oberzeughaus 500 Flinten, 100 Kurzgewehre (Hellebarden) sowie 20 Piken ausgegeben, an die Formationen des Bürgerregiments verteilt und am 21. Februar 1721 ordnungsgemäß wieder zurückgegeben.[17]

Da die Fahrten am 11. und 13. Februar den Kurfürsten auf angenehme Art divertiert hatten, ließ er am 16. Februar 1721 zum ersten Mal in der Geschichte Dresdens eine festliche Schlittenfahrt zur späten Abendzeit veranstalten. Am 13. Februar war die Schlittengesellschaft nach dem Bankett im Palais des Großen Gartens um Mitternacht noch mit Kutschen und Fackeln zurück zum Schloss gezogen.[18] Am 16. Februar nun sollte die Gesellschaft erneut in vier Staffeln zur Abendstunde ausfahren. Den Staffeln voran fuhr jeweils ein auf Grund seiner Länge sogenannter »Wurst-Schlitten«, auf dem Pauker und Trompeter standen, um die Rundfahrt musikalisch zu begleiten. Die Atmosphäre während der nun anstehenden nächtlichen Schlittenfahrt sollte besonders eindrucksvoll wirken. Daher wurde angeordnet, dass neben der rechtzeitigen Entzündung der Laternen auch »alle Fenster in der ganzen Stadt, so gut als es in einer solchen Zeit seyn können, illuminiret« würden, wie die Unterlagen des Oberhofmarschallamts und hierzu erlassene Verordnungen zeigen.[19] Auch wenn ein zeitgenössischer Beobachter kommentierte, »dergleichen [sei] dieses Orths noch niemahln observiret worden«, so folgte die Verlegung in die Abendstunden doch einem übergreifenden Trend der Vernächtlichung und damit zeitlich geprägten ständischen Abgrenzung auch sonstiger sozialer Praktiken des Adels im 17. und 18. Jahrhundert.[20] Zedlers Universallexikon fasst entsprechend zusammen, dass die solennen Schlittenfahrten der Fürsten vielerorts im Schein von Fackeln und/oder beleuchteten Fenstern stattfanden, wobei mit Hilfe der Lichter mitunter auch Figuren, vorzugsweise Pyramiden, an den Häusern abgebildet wurden.[21]

Eine im 18. Jahrhundert weitgehend kostspielige und darüber hinaus im Einzelfall für die meisten Betreffenden auch nutzlose Beleuchtung der eigenen Fenster konnte sich jedoch nicht jedermann leisten. Vielleicht deckten sich einige pfiffige Einwohner einfach mit den auf den Mercerien zur Illuminierung der nächtlichen Karnevalsmärkte kostenlos ausgeteilten Kerzen ein – wir wissen es nicht. Überliefert sind vor allem, wie etwa im Dresdner Postillon, jene Beispiele, bei denen sich verschiedene Hofchargen und Minister geradezu einen Wettstreit zur Beleuchtung ihrer Häuser lieferten, um dem Herrscher wohlzugefallen. Einem glücklichen Zufall verdanken wir jedoch auch die Überlieferung eines vierzeiligen Kommentars eines armen Dresdner Schusters, den

Wintervergnügen im Großen Garten 1825, kolor. Kupferstich von C. A. Beger

dieser an seinem Haus auf der Schreibergasse anbrachte und der von Friedrich August I. trotz seines im Ansatz kritischen Tonfalls gnädig aufgenommen worden sein soll. Sowohl die Unterlagen des Oberhofmarschallamts als auch in Druck gegebene Berichte notierten den Vierzeiler des unbekannten Schusters, der anstatt einer teuren Kerze eine Ölfunzel ins Fenster stellte: »Bey diesem Schlitten Rennen,/ Soll man zwar Lichter brennen/ ich sez[sic] aber mein Lämpel hin,/ Weil ich ein armer Schuster bin.«[22]

Auch in den folgenden Jahren wurden hin und wieder solenne Schlittenfahrten durchgeführt, wenn der Hof in Dresden anwesend war. Nicht immer aber wurde für die Präparierung der Pisten und Regulierung des Verkehrs allein der Rat in die Verantwortung genommen. Der Aufwand hing jeweils von äußeren Umständen ab. Am 16. Februar 1738 schien sich Kurfürst Friedrich August II. (1696–1763) eher spontan zu einer Schlittenfahrt entschlossen zu haben. Zumindest wurde der Entschluss, am Nachmittag ausfahren zu wollen, erst am Morgen des 16. Februar kundgetan, wobei der Landesherr auch noch nicht die endgültige Route festgelegt hatte. In Windeseile wurden der Bürgermeister Christoph Heinrich Vogler (1658–1746) sowie der kurfürstliche Platzmajor informiert, zwischen den Buden des Altmarkts eine Gasse freigeräumt, Steine und Unrat beseitigt, allen Privatleuten das Schlittenfahren untersagt und 100 Soldaten abkommandiert, um die Piste zu präparieren.[23]

Friedrich August II. setzte diese Tradition selbst während des in ganz Europa verheerenden Winters 1739/40, der zu einer umfassenden Subsistenzkrise führte, im Februar 1740 fort – ein im Rückblick nur bedingt nachvollziehbares Zeichen obrigkeitlicher Fürsorge für die notleidenden Untertanen, die der Anblick ihres geliebten Herrschers wohl kaum hinreichend gewärmt haben dürfte. Wolfgang Behringer hat hierzu

kurz resümiert: »Das Schicksal der herrschenden Schichten war kaum mehr den Fluktuationen des Klimas ausgeliefert, das der einfachen Menschen jedoch schon.«[24] Allein
auf Veranlassung des Rats, der sich allerdings nicht in der Lage sah, die komplette
Bahn herzurichten, wurden 241 Fuhren Schnee bei klirrender Kälte in die Stadt gekarrt.
Und so stehen denn diese winterlichen Vergnügungen des sächsischen Landesherrn
in einem ebenso scharfen Kontrast zu den vielen gedruckten, zeitgenössischen Berichten vor allem auch aus Sachsen über die enormen Schäden und vielen Toten des Winters 1740 wie der von der russischen Zarin Anna Iwanowna (1693–1740) befohlene,
europaweit als Demonstration der Macht über die Natur bestaunte Bau eines Eispa-
lastes auf der St. Petersburger Newa im gleichen Jahr.[25]

Doch wie ging es in Dresden nach 1740 weiter? Diese Frage ist mangels einschlägiger Forschungen nicht einfach zu beantworten, und eine mögliche Antwort kann hier
nur grob skizziert werden. Man dürfte wenig fehl in der Annahme gehen, dass das
solenne Schlittenwesen grundsätzlich auf Grund der nachfolgenden Kriegs- und anderer Wirren und teils wohl auch auf Grund widriger Umwelteinflüsse wie schweren
Eisfluten (vgl. den Beitrag von Guido Poliwoda in diesem Heft) im Niedergang begrif-
fen war. Das zeigt sich schon daran, dass eine Schlittenfahrt der Prinzen 1751 und dann
erst wieder 1764/5 durchgeführte Fahrten des Hofs aus den Quellen hervorstechen.[26]
Hinzu kam aber auch, dass die Exklusivität der Schlittenvergnügen zunehmend in
Frage gestellt wurde. Um aber kein Missverständnis aufkommen zu lassen: öffentliche
inszenierte Schlittenfahrten unter erzwungener Teilnahme der städtischen Öffentlich-
keit blieben auch weiterhin eine sozial exklusive Angelegenheit des Hofs.

Aber bereits 1732 waren die Pferde- und Schlittenverleiher der Stadt an das Gouvernement herangetreten, weil die Begünstigung weniger zum Schlittenfahren Privilegierter das Geschäft zu ruinieren drohte. Überdies argumentierten die Verleiher, dass
es doch nicht angehen könne, dass zeitgleich Bauern und Händler mit ihren Schlitten
durch die Stadt fahren dürften, während der Vergnügung suchende Ehrenmann seinen
Schlitten zu Fuß bis zum Tore führen müsse, wodurch er auf den glatten Straßen und
Gassen unnötigen Gefahren ausgesetzt sei.[27] Um es kurz zu machen: Infolge dieser
Eingabe wurden die bisherigen Regelungen und Praktiken überprüft und es zeigte
sich, dass unter der Ägide des Gouverneurs Heinrich Friedrich von Friesen (1681–1739)
die zuvor strikten Regelungen in der Praxis nahezu völlig außer Kraft gesetzt worden
waren. 1744 wurden dem Kurfürsten daher verschiedene Fragen vorgelegt, um eine
neue Ordnung zu entwerfen, denn die freizügige Praxis hatte zu einem symbolischen
Überbietungswettbewerb unter den Schlittenfahrenden geführt. Diese hatten zwi-
schenzeitlich ihre Gespanne über und über mit Geläut behängt und letztere teils lär-
mend hinter den Schlitten hergezogen, sodass auch die Wege erheblich beschädigt
wurden. Die nachfolgend wiederholten Versuche, zuletzt 1798, die Praxis des Schlittenfahrens erneut sozial zu beschränken, waren allerdings wenig erfolgreich.

Diesen Anschein erweckt zumindest ein 1813 anonym publizierter Artikel über
Winterunterhaltungen in Dresden, der das 1827 in der von Johann Georg Krünitz
(1728–1796) begründeten »Oekonomischen Enzyklopädie« popularisierte Narrativ

des Niedergangs von Sitte und Würde beim Schlittenfahren vorwegnahm.[28] Der mutmaßlich adlige Autor drückte 1813 nicht nur sein Bedauern über mäßige Theatervorstellungen und durchwachsene Musikaufführungen aus, sondern auch über die wenig noblen, gleichwohl anscheinend überaus beliebten Schlittenfahrten zum Wilden Mann. Die oben knapp skizzierte Erweiterung des sozialen Zugangs zum Schlittenvergnügen führte aus der Sicht unseres anonymen Beobachters vor allem zu der folgenden kulturkritischen Einschätzung: »Die Schlittenparthien, die durch die Jahreszeit außerordentlich begünstigt wurden, zeichneten sich mehr durch Frequenz und Schnelligkeit aus, als durch Eleganz. Im Geschwindfahren suchte es Einer dem Anderen vorzuthun. Kein Wunder also, daß sich mehrere Unglücksfälle ereigneten.«[29] Selbstredend zelebrierte der Autor hier eine standesspezifische Einstellung, die mit Hilfe einer nahezu durchweg herablassenden Attitüde darauf abzielte, verschiedene habituelle und soziale Ressourcen als adlig zu markieren, allen voran Eleganz und Zeit. Wer also hier 1813 vor den Toren der Stadt vor allem Schlitten fuhr, wird zumindest mittelbar deutlich: die aus Sicht des Anonymus uneleganten, rastlosen bürgerlichen Schichten.

Anmerkungen

1 Madeleine Brook, Popular History and Fiction. The Myth of August the Strong in German Literature, Art and Media, Oxford 2013.

2 Siehe schon Jean Louis Sponsel, Der Zwinger, die Hoffeste und die Schloßbaupläne zu Dresden, 2 Bde., Dresden 1924. Vgl. darüber hinaus aus der Vielzahl entsprechender Publikationen exemplarisch Uta Deppe, Die Festkultur am Dresdner Hofe Johann Georgs II. von Sachsen (1660–1679), Kiel 2006; Christian Horn, Der aufgeführte Staat. Zur Theatralität höfischer Repräsentation unter Kurfürst Johann Georg II. von Sachsen, Tübingen 2004.

3 Ulrich Rosseaux, Freiräume. Unterhaltung, Vergnügen und Erholung in Dresden 1694–1830, Köln/Weimar/Wien 2007, S. 73–151.

4 Das gilt auch für den grundlegenden, allgemeinen kunst- und kulturhistorischen Überblick von Heinrich Kreisel, Prunkwagen und Schlitten, Leipzig 1927, S. 129–171, wenngleich diese wichtig sind für die Einordnung der materiellen Überlieferung in Dresden (hier vor allem auch des Schlittengeläuts). Entsprechende knappe Hinweise finden sich beispielsweise im Dresdner Anzeiger Nr. 20, 20. Januar 1879, S. 13 (ich danke Christian Schuster für den Hinweis). Vgl. darüber hinaus die für den vorliegenden Beitrag verwendete Literatur.

5 Deppe (2006), Festkultur, S. 52 f. (einführend) S. 143–145 (zur Schlittenmaskerade 1667).

6 Vgl. mit weiterführender Literatur die wunderbare Studie von Dietz-Rüdiger Moser, Maskeraden auf Schlitten, München 1988.

7 Mit weiterer Literatur einführend Wolfgang Behringer, Art. Karneval, in: Enzyklopädie der Neuzeit 6, Sp. 397–400.

8 SächsHStA DD, 11254, Loc. 14504/15, fol. 25 seq.

9 SächsHStA DD, 10006, B, Nr. 01, fol. 63 seq.

10 Vgl. etwa Andreas Furger, Paraden – Maskeraden – Promenaden. Die Schlitten des Schweizerischen Landesmuseums im europäischen Kontext, in: Zeitschrift für Schweizerische Archäologie und Kunstgeschichte 66, 1 (2009), S. 1–44; Claudia Meckel, Kutschen, Schlitten, Sänften, Berlin 2013. Darüber hinaus auch schon Kreisel (1927).

11 Deppe (2006), Festkultur, S. 143–145.

12 Dieser Befehl vom 12. Februar 1682 ist unter anderem enthalten in SächsHStA DD, 11254, Loc. 14634/16, fol. 2r–3r, hier 2r.

13 Hierzu sind ausführliche Berichte und Aufstellungen der Beteiligten überliefert in SächsHStA DD, 10006, G, Nr. 21, fol. 39r–55v. Das Damenrennen im Großen Garten ist auch kurz beschrieben in [Johann Christian Crell (Hg.),] Der neu=erscheinende POSTILLON, mit sich bringende allerhand Curiositäten von Carneval zu Dreßden. Sechstes Felleisen, Anno 1721, S. 91.

14 SächsHStA, 10006, G, Nr. 21, fol. 54r.

15 Vgl. hierzu den Bericht in O.A., Das fröhliche Dreßden, als daselbst zu Ehren Sr. Königl. Majestät in Preußen [...] täglich Lustbarkeiten angestellet und vergnüglich vollbracht worden [...], Dresden 1728, S. 4–6; siehe ferner SächsHStA DD, 11254, Loc. 14505/05.

16 StA DD, 2.1.6.-G.V.53.e, fol. 5r–9r.

17 StA DD, 2.1.6.-G.V.53.e, fol. 2r (Text als Streichung). Vgl. Otto Richter, Verfassungs- und Verwaltungsgeschichte der Stadt Dresden, Bd. 1, Dresden 1885, S. 303.

18 SächsHStA DD, 10006, G, Nr. 21, fol. 55r.

19 SächsHStA DD, 10006, G, Nr. 21, fol. 85v; StA DD, 2.1.6.-G.V.15, fol. 6v.

20 Hierzu ausführlicher: Craig Koslofsky, Evening's Empire. A History of the Night in Early Modern Europe, 6. Auflage, Cambridge 2012, S. 91–127; Ders., Princes of Darkness. The Night at Court, 1650–1750, in: The Journal of Modern History 79, 2 (2007), S. 235–273.

21 Johann Heinrich Zedler, Grosses vollständiges Universal-Lexikon [...], Bd. 35, Leipzig/Halle 1743, Sp. 201–204, hier Sp. 203.

22 SächsHStA DD, 10006, G, Nr. 21, fol. 85v; abgedruckt in Crell (1721), POSTILLON, Sechstes Felleisen, S. 94.

23 SächsHStA DD, 11254, Loc. 14505/25.

24 Wolfgang Behringer, Kulturgeschichte des Klimas. Von der Eiszeit bis zur globalen Erwärmung, München 2007, S. 209.

25 Vgl. aus der Vielzahl gedruckter Berichte exemplarisch Johann Friedrich Bertram, Christliche und vernünftige Betrachtung, der in diesem 1740sten Jahr, ausgestandenen, ausserordentlich=strengen und langwierigen Winter=Kälte, Aurich 1740; Johann Gottlob Krüger, Gedanken vom kalten Winter des Jahres 1740, Halle 1741; Johann Rudolph Marcus, Curiöse und historische Nachricht von dem im ietzigen 1740ten Jahre eingefallenen ausserordentlich strengen und langen Winter [...], Leipzig/Köthen 1740; Nicephorus, Bewunderns-würdige und recht curieuse Monathliche Gedächtniß-Historie Des Sehr kalten, harten, empfindlichen und ungewöhnlich langen Winters [...], Pirna 1744.

26 SächsHStA DD, 11254, Loc. 14505/26; 10006, G, Nr. 56, fol. 86 seq.

27 SächsHStA DD, 11254, Loc. 14634/16, fol. 6r–7v. Ebd. ff. auch zum Folgenden im Text.

28 Anonym (unterzeichnet v. K.), Winterunterhaltungen in Dresden (Aus Briefen geschrieben im März 1813), in: Journal für Luxus, Mode und Gegenstände der Kunst 28 (1813), S. 240–253; Johann Georg Krünitz (Begr.), Oekonomische Enzyklopädie, 242 Bände, 1773–1858, hier Art. Schlittenfahrt, Bd. 146 (1827), Sp. 75–82.

29 Anonym (1813), Winterunterhaltungen, S. 244.

Christian Schuster

Wintervergnügen der Stadtbevölkerung

Eislaufen im 19. Jahrhundert

Wenn Schnee die Welt verhüllt und Kälte Eisblumen an Fensterscheiben malt, zieht es die Menschen seit Generationen auf die erstarrten Gewässer in ihrer Umgebung. Archäologische Funde von Knochenschlittschuhen belegten das Eislaufen als winterliche Fortbewegung schon sehr früh. Solche beinernen Kufen waren bis ins 12. Jahrhundert gebräuchlich, ehe in Holland und England Schlittschuhe aus einer hölzernen Sohle mit einer Eisenschiene, die mit Riemen an dem eigentlichen Schuh befestigt wurden, aufkamen.[1] In der Folge schwangen sich die Niederländer zu den »Lehrmeistern des Eislaufes« auf.[2] Einen entscheidenden Beitrag dazu, dass sich Eislaufen auch in Deutschland verbreitete, leisteten Schriftsteller und Dichter in der zweiten Hälfte bzw. am Ende des 18. Jahrhunderts: Bis dato war das Eislaufen nur unter Jugendlichen und in unteren Schichten akzeptiert sowie an einzelnen Höfen anerkannt. Friedrich Gottlieb Klopstocks Werke über den Eislauf, den er 1750/51 bei einem Aufenthalt in der Schweiz kennenlernte, veranlassten auch den jungen Goethe, sich in dieser Leibesertüchtigung zu üben. Er führte 1775 Eislaufen am Weimarer Hof ein. Damit waren wichtige Schritte, diese Leibesübung hoffähig zu machen und auch dem Bürgertum zu erschließen, getan.[3]

An der Wende zum 19. Jahrhundert verhalfen Gerhard Ulrich Anton Vieth und Johann Christoph Friedrich GutsMuths dem Eislaufen zu weiterer Verbreitung. In ihren Schriften beschrieben sie das Schlittschuhfahren als nützliche Leibesertüchtigung. GutsMuths behauptete, die positiven Effekte des Schlittschuhlaufens »müssen nicht nur auf die körperliche Maschine des Menschen, sondern auch auf seinen Geist einen sehr mächtigen Einfluß haben.«[4] Vieth ergänzte: »Der Eislauf ist eins von jenen interessanten Schauspielen, wo der Mensch die Hindernisse, welche ihm die Elemente und die Kräfte der Natur entgegensetzen, bekämpft und besiegt.«[5] Vieth und GutsMuths waren Autoren, die wiederum Friedrich Ludwig Jahn beeinflussten,[6] womit die Turnbewegung das Eislaufen für sich entdecken konnte.

1825 war Eislaufen schon so weit verbreitet, dass Christian Siegmund Zindel ein Taschenbuch mit dem Titel »Der Eislauf oder das Schrittschuhfahren« herausgab.[7] Darin finden sich allerlei Ratschläge rund um das Wintervergnügen. Er empfahl eine leichte Kleidung,[8] bestehend aus »Mütze oder Hut, Jagdjacke oder Frack, lange[n] Hosen und kurze[n], die Wade nicht beengenden, Stiefel«, da der Läufer »durch die

Gesellschaftslauf auf dem Eis

starke Bewegung [...] ohnedem mehr schwitzen als frieren wird«. Dass sich auch Damen auf dem Eise einfanden, ließ Zindel in den Bekleidungshinweisen für das weibliche Geschlecht erkennen: »Als Anzug für Mädchen [...] möchte sich eine niedrige Kopfbedeckung, ein etwas kurzes Frauenkleid, welches beim Eislauf nach Willkühr aufgeschürzt werden kann – so wie Schnürstiefelchen und Handschuhe von etwas stärkern Ledern als gewöhnlich – zu empfehlen seyn.«[9] Auch Vieth hatte schon versucht, Frauen zum Eislauf zu ermutigen, denn »wie dieß in Deutschland selten der Fall ist, Frauenzimmer an dieser Uebung theilnehmen so muß das gesellschaftliche Vergnügen der Eisbahn dadurch unendlich gewinnen.«[10] Allerdings war die Teilnahme von Frauen noch auf Eisschlitten beschränkt, auf denen sitzend ihnen die Herren »wenigstens den Mitgenuß einer belebten Bahn gewährt [...]« hatten. Solche als Schwäne gestaltete Stuhlschlitten benutzte man auch auf dem Wiener Kongress.[11] Allerdings schienen Frauen sich nicht gänzlich auf diese passive Rolle reduzieren zu lassen, denn Zindel fügte an, dass Damen sehr wohl schon als »Schrittschuhläuferinnen« in Nürnberg in Erscheinung traten.[12]

Zindels Taschenbuch sowie Vieths und GutsMuths Schriften geben auch darüber Auskunft, wie die Herren sich auf dem Eise bewegten. Zindel benannte vier Elementarbewegungen, welche beliebig kombiniert werden konnten. Diese Bewegungen sind »der gerade ausgehenden Eislauf [...], das Übertreten oder Übersteigen, den auswärtsgehenden Bogenlauf [...] und das Umwenden«.[13] Diese Übungen konnten auch

Der Eisschlitten

»zwei Freunde, oder sechse, zwölf und mehrere gute Läufer machen [...] gemeinschaftlich Hand in Hand, Arm auf Arm gestützt oder, wenn sie schon gut zusammen geübt sind, sogar Arm in Arm [...]«. Um die Ästhetik zu wahren und das Gelingen sicherzustellen, »so muß auch bei allen anderen gemeinschaftlichen Uebungen, derjenige welcher die beste Lunge und das stärkste Organ besitzt, den Takt angeben der die sämmtlichen Bewegungen der Einzelnen leiten und zu einem Ganzen vereinigen soll«.[14]

Eine Erweiterung des Repertoires setzte erst Mitte des 19. Jahrhunderts ein und war eng verbunden mit der Weiterentwicklung des Schlittschuhs. Die gebräuchlichen Schlittschuhe prägten die bisherigen Praktiken des Eislaufens in einer holländischen Tradition.[15] Allerdings war diese auf Grund der Beschaffenheit der Schuhe mit einer Kufe, mit der nur flache und langgestreckte Bögen gefahren werden konnten, eher für den Eisschnelllauf oder Eiswandern geeignet.[16] Für die Gegebenheiten der Großstädte, in denen im Gegensatz zu den niederländischen weitläufigen Gewässern nur kleine, begrenzte Flächen zum Eislaufen vorhanden waren und es mehr auf Beweglichkeit ankam, waren diese Schlittschuhe unpassend. 1929 druckte der Dresdner Anzeiger die »Erinnerungen eines alten Dresdners an das Eislaufen vor 50 Jahren«, wo auch jene holländischen Schlittschuhe beschrieben wurden: »Aus Holz mit Lederkappen, ein vierkantiger Dorn oder eine Schraube sollten im Absatz festsitzen, taten es aber nie, obgleich uns die Riemen über die Füße das Blut abschnürten. Und geheimnisvollerweise endigte die Laufschiene mitten unter dem Absatz.«[17]

Abhilfe schufen erst die technischen Innovationen amerikanischer Erfinder nach 1850, als der erste riemenlose und gänzlich aus Metall bestehende Schlittschuh von E. W. Bushnell konstruiert worden war. Die Kufen bestanden nun aus Stahl und wurden über den ganzen Absatz verlängert. Die Befestigung am eigentlichen Schuh funktionierte, indem »an der Kufe eiserne, der Sohle und dem Absatz sich anpassende Träger angebracht waren, in welchen mittelst einfachen und doppelten Gewinden Klauen spielen, durch die der Schlittschuh seitlich an die Sohle und an den Absatz angeschraubt wird, so dass er einen festen Bestandtheil derselben bildet«.[18] Die Weiterentwicklung dieses Systems führte zu entscheidenden Neuerrungenschaften,[19] an die sich auch der »alte Dresdner« erinnerte: »Anfang der 1870er Jahre aber kamen dann Schlittschuhe ganz aus Eisen auf, amerikanische, vorn und hinten zum Schrauben, vor allem aber der berühmte [...] ›Halifax‹-Schlittschuh und der für den Kunstlauf bessere ›New York Club Skate‹, der mit Hilfe einer Platte im Stiefelabsatz angelegt wurde. Er war das Ziel jedes Jüngers der höheren Eislaufkunst, kostete aber wie der ›Halifax‹ den für damals schrecklich hohen Preis von 20 M.«

Solche Schlittschuhe, wenngleich auch mit eigenen Verbesserungen, benutzte auch der bekannte Eislaufkünstler Jackson Haines, der im Winter 1864/65 durch Europa tourte. Über seinen Auftritt in Berlin berichtete die Illustrirte Zeitung: »Er lief und tanzte, sprang und hüpfte, vorwärts, rückwärts, auf einem Beine, auf den Fußspitzen, in den unglaublichsten Kreisen und Windungen, hielt mitten im flüchtigen Lauf plötzlich inne oder schwenkte ruckweise seitwärts ab, kurz und gut, er machte Evolutionen, die nur der glauben mag, der sie gesehen und die zu begreifen selbst die ausgezeichnetsten unserer Schlittschuhläufer vergeblich sich bemühten.« Diese Aufführung verfolgten »viel über 10 000 Personen, vorwaltend aus den höheren Schichten der Gesellschaft«.[20] Besonderen Eindruck hinterließ Haines in Wien, wo er 1868 auftrat. Der Amerikaner inspirierte die Anhänger des im Vorjahr gegründeten Wiener Eislauf-Vereins, und in der Folge entwickelte sich dort ein Eislauf-Zentrum. Vor allem Haines' Entschluss, seine Darbietung an die zeitgenössische Musik der Märsche und Walzer anzupassen, verhalf ihm zum Durchbruch.[21]

Die Wiener griffen nicht nur Haines neuartigen Stil auf und systematisierten ihn, sondern erfanden auch Figuren und Eistänze.[22] In Wien gelang es auch, das Eislaufen endgültig für Damen gesellschaftsfähig zu machen. Der Dresdner Dr. H. Winzer erklärte 1925 in seinem Aufsatz zur Geschichte des Eislaufs: »Und da man in Wien mit dem in diesen Dingen besonders regen Spürsinn bald erkannte, daß es sich auf Schlittschuhen wundervoll flirten und, wie das ja dazu gehört, auch tanzen läßt, so wurde ganz Wien im Fluge für den Eislauf gewonnen: er wurde schnell die letzte Mode der besten Gesellschaftskreise einschließlich der hohen Aristokratie.«[23] Von Wien aus verbreitete sich der Eislauf nun endgültig in den deutschen Ländern.

Wer sich in Dresden im Winter nicht nur in den kleinen und stickigen Turnhallen körperlich ertüchtigen wollte,[24] den zog es auf das Eis. Allein in den Jahren 1870 bis 1879 fanden sich in den Anzeigen der Dresdner Nachrichten und des Dresdner Anzei-

Eislaufen auf dem Carolateich

gers 28 verschiedene Eislaufbahnen inklusive der Elbe sowie den Teichen am Zwinger und im Großen Garten. Um auf der Elbe laufen zu können, bedurfte es allerdings besonders strenger Winter. Der »alte Dresdner« erinnerte sich, dass in den 1860er Jahren »Fahrstraßen für allen Verkehr abgesteckt« waren und es auch eine Eisbahn auf dem Fluss gab. In den Jahren 1875 und 1879 berichteten die Dresdner Tageszeitungen über Eisbahnen auf der Elbe, die von der Fischerinnung angelegt worden waren. Doch zum größten Teil gab es künstlich angelegte Bahnen, welche sich über das ganze Stadtgebiet verteilten. Vor allem Restaurants legten sich auf freien Flächen Eisbahnen an und lockten damit zahlreiche Besucher an. Sie boten natürlich den Vorteil, dass Möglichkeiten zum Aufwärmen und zur Verköstigung der Besucher vor Ort verfügbar waren. »Auf einer vollkommen horizontalen, betonirten, mit einem erhöhten Rande versehenen Bodenfläche wird Wasser in einer Höhe von 3–4 Centimeter aufgegossen und die erstarrte Fläche als Eisbahn benützt. Durch tägliches Bespritzen wird das durch die Schlittschuhe abgeschliffene Eis ersetzt und die Fläche stets glatt erhalten. Diese Eisbereitung ist die rascheste, da schon eine Frostnacht genügt, um eine Eisbahn herzustellen, hat aber den Nachtheil der geringen Widerstandsfähigkeit des Eises gegen höhere Temperaturgrade«.[25] So war es keine Seltenheit, dass bei steigenden Temperaturen Spritzeisbahnen nach nur wenigen Tagen Betrieb wieder geschlossen werden mussten.

Regelmäßig stattfindende Feste auf dem Eis wurden ansprechend ausgeleuchtet: »Einige 40 wohlunterhaltene Kienbecken verbreiteten ein magisches Licht, Pyramiden und Hunderte von erleuchteten Ballons [...] schimmerten in allen Farben, während bengalische Flammen die hurtig Vorüberfahrenden geisterhaft beleuchteten.«[26] Ständige Beleuchtung war an den Bahnen kaum zu finden, lediglich von am Rande aufgestellten Petroleumlämpchen, die allerdings kaum für Helligkeit sorgen konnten, berichtete der »alte Dresdner«. Dies änderte sich erst mit dem Aufkommen der Gas- bzw. elektrischen Beleuchtung.[27]

In den 1870ern war die in einem Turngarten angelegte Eisbahn auf der Oberseergasse 11 stets die Erste, welche befahrbar war. Als die größte Bahn rühmte sich 1876 eine Anlage auf der Freiberger Straße, die angeblich 4000 m² umfasste. Fast täglich sorgten Militärkapellen mit Konzerten auf den verschiedenen Bahnen für die nötige musikalische Untermalung und Geselligkeit. Die Eintrittspreise auf diesen Bahnen schwankten für Erwachsene zwischen 20 und 50 Pfennigen, für Kinder zwischen 10 und 20 Pfennigen.[28] Besonders in Erinnerung blieb dem »alten Dresdner« eine Rollschuhbahn, »Skating Rink« genannt. Sie gehörte zu Lüdicke's Wintergarten auf der Blumenstraße, die heute nach diesem Wintergartenstraße heißt. Diese Rollschuhbahn war im Winter schnell zur Eisbahn umfunktioniert und hatte den Vorteil, dass nach dem Abtauen des Eises wieder Rollschuh gefahren werden konnte. Einem Bericht über den Dresdner »Skating Rink« verdanken wir übrigens auch eine der ältesten Erwähnungen von Tennis in Deutschland: »Im Skating Rink findet jetzt bei günstiger Witterung, mit Ausnahme Dienstag Nachmittags, wo von 2 bis 5 Uhr der englisch-amerikanische Lawn Tennis-Club den Rink ausschließlich für sich in Benutzung hat, täglich Militär-Concert statt, und zwar in der Woche von 3 bis 7 Uhr, Sonntags von 4 bis 8 Uhr, und machen wir, bei den jetzigen milden Tagen, auf das Rollschuhlaufen, als ein sehr gesundes Vergnügen in freier Luft, aufmerksam.« Dazu lockte das Etablissement mit einem Restaurant und dem namensgebenden Wintergarten, in dem man sich »die herrlichen Pflanzen der tropischen Abtheilung« anschauen konnte.[29]

Besonderen Reiz für die Eisläufer hatte der Große Garten. Hier, so schrieb die Illustrirte Zeitung 1865, fand »sich die feine Welt der Residenz täglich beim Vergnügen des Schlittschuhlaufens und Concert« zusammen.[30] »Häufig erschien die königliche Familie auf dem Eise des Palaisteiches mit den Kindern, dem nachmaligen König Friedrich August und seinen Geschwistern. Das hatte natürlich auch die Anwesenheit eines großen Teiles der Hofgesellschaft und viele Offiziere zur Folge«, ergänzte der »alte Dresdner«. Die Exklusivität des Palaisteichs sah man auch an den höheren Eintrittspreisen: »75 Pfennig, 1 Mark und manchmal – bei Doppelkonzert – sogar 1,50 Mark [...] unter Berücksichtigung des damaligen Geldwertes ganz außerordentlich hohe Preise«. Trotzdem stieg bei Konzerten die Zahl der Besucher durchaus auch schon mal auf 600 Personen.[31]

Eislaufen auf dem Zwingerteich, um 1910

Das Eislaufen in Dresden schien nach diesen Ausführungen noch keinen expliziten sportlichen Charakter ausgeformt zu haben, sondern diente hauptsächlich der Geselligkeit. Zwar kannte man seit den ersten Veranstaltungen der Englischen Kolonie im Rudern (1872) und in der Leichtathletik (1874) sowie durch die Turnvereine Sportveranstaltungen, doch fehlen Berichte, die für Dresden Wettbewerbe oder Trainingsbetrieb auf dem Eis belegen. Die Berichte eines Herrn Hans Schmidt aus dem Jahre 1893 zeigen, dass sportliche Absichten beim Eislaufen noch verpönt waren. Schmidt hatte 1890/91 die Meisterschaft des Berliner Vereins »Sport« im Eisschnelllaufen gewonnen und wollte sich, um seinen Titel zu verteidigen, in Dresden darauf vorbereiten. Zum Training suchte er eine Eisbahn auf und begann gleich »einige Runden im scharfen Tempo« zu laufen, woran sich die anderen Eisläufer offensichtlich störten. Daraufhin stellte er sein Training ein, um Schwierigkeiten mit den Zuschauern und dem Pächter zu vermeiden. Er fügte an, dass er die Bekanntschaft einiger Herren machte, welche mit dem »Eissport« vertraut und mit der Gründung eines Eislauf-Vereins einverstanden wären.[32] Dies gelang aber offensichtlich nicht, denn der erste Dresdner Eislauf-Verein gründete sich erst am 11. Januar 1908.[33]

Anmerkungen

1 Vgl. dazu F. K. Mathys: Auf blitzenden Kufen. Fünfminutenhistorie des Schlittschuhlaufs, in: Die Zeit, Hamburg, 9/1965, S. 48.

2 D. Diamantidi, Dr. C. v. Korper, M. Wirth, Spuren auf dem Eise. Die Entwicklung des Eislaufes auf der Bahn des Wiener Eislauf-Vereines, Wien, 1881, S. 10.

3 Vgl. Matthias Hampe, Stilwandel im Eiskunstlauf. Eine Ästhetik- und Kulturgeschichte, Frankfurt a. M. u. a., 1994, S. 28.

4 Johann Christoph Friedrich GuthsMuts, Gymnastik für die Jugend, Dresden, 1928, S. 345.

5 Gerhard Ulrich Anton Vieht, Versuch einer Encyklopädie der Leibesübungen, Dresden, 1930, S. 251.

6 Vgl. Christiane Eisenberg, »English sports« und deutsche Bürger, Paderborn, 1999, S. 82 f.

7 Vgl. Christian Siegmund Zindel, Der Eislauf oder das Schrittschuhfahren. Ein Taschenbuch für Jung und Alt, Hanau, 1980, S. 1: Zindel bezog sich offenbar auf Klopstock, der von »Schrittschuhlaufen« sprach. Dieser führte das Wort auf das »Schreiten« zurück. Goethe (Ibid.) und Vieth (Vieth, 1930, S. 257) sahen den Ursprung jedoch im »Schlitten« und benutzen das Wort »Schlittschuh«.

8 Zur Wintermode insgesamt siehe den Beitrag von Wiebke Voigt und Thomas Kübler in diesem Heft.

9 Hampe, 1994, S. 43.

10 Vieth, 1930, S. 255.

11 Hampe, 1994, S. 27.

12 Zindel, 1980, S. 43.

13 Zindel, 1980, S. 54–61.

14 Ibid., S. 68–70.

15 Dr. H. Winzer, Geschichte des Eiskunstlaufs, in: Berliner Eislaufverein 1886: Eissport, Berlin 1925, S. 35.

16 Diamantidi, Korper, Wirth, 1881, S. 6.

17 Dresdner Anzeiger, Nr. 74, 199. Jahrgang, 13. Februar 1929, S. 11. Der Artikel ist mit »Dr. H. W.« unterzeichnet, was vielleicht darauf hinweist, dass es sich um den aus Dresden stammenden Autor Dr. H. Winzer aus Anm. 16 handeln könnte.

18 Diamantidi, Korper, Wirth, 1881, S. 11–17.

19 Mathys, 1965, S. 48.

20 o. V., Illustrirte Zeitung, Bd.: 44 = 1/6. 1865, Nr. 1128, 11. Februar 1865, Leipzig, Berlin, Wien, Budapest, New York, S. 100.

21 Hampe, 1994, S. 41.

22 Winzer, 1925, S. 39–47.

23 Ibid., S. 39.

24 Am 23. Januar 1876 druckte der Dresdner Anzeiger die Beschwerde eines Turners über die Turnhallen: »Jene Räume sind ohne jede Vorrichtung für Ventilation, und doch ist hier schon wegen der starken Ausdünstungen der Menschen, frische Luft vor allem zu wünschen.« Vgl. Dresdner Anzeiger, Nr. 23, 23. Januar 1876, S. 21.

25 Diamantidi, Korper, Wirth, 1881, S. 95.

26 Illustrirte Zeitung, 11. Februar 1865, S. 100.

27 Dresdner Anzeiger, 13. Februar 1929, S. 11.

28 Die Preise erhöhten sich, wenn ein Konzert stattfand.

29 o. V., Dresdner Nachrichten, Nr. 37, 22. Jahrgang, 6. Februar 1877, S. 2.

30 Illustrirte Zeitung, 11. Februar 1865, S. 100.

31 Dresdner Anzeiger, Nr. 74, 199. Jahrgang 1929, S. 11: Auf dem später angelegten Carolasee, mit einer Fläche von etwa 25 000 m^2, kamen »oft Tausende von Schlittschuhläufern« zusammen.

32 o. V., Spiel und Sport, Jg. 3/1893, Nr. 2, 14. Januar 1893, S. 13.

33 Winzer, 1925, S. 263.

Ulrich Rosseaux

Die erleuchtete Stadt

Der mitteleuropäische Winter ist nicht nur redensartlich, sondern auch tatsächlich eine dunkle Jahreszeit. Die tägliche Helligkeitsphase reduziert sich bis zur Wintersonnenwende auf etwa acht Stunden und nimmt auch danach nur langsam wieder zu. Zwischen Oktober und März müssen viele alltägliche Verrichtungen morgens wie nachmittags in Zeiten der Dämmerung oder sogar bei Dunkelheit erledigt werden. Dies erfordert künstliche Beleuchtung. In der rund um die Uhr elektrisch erleuchteten Stadt der Gegenwart ist dies eine kaum erwähnenswerte Selbstverständlichkeit. Der Blick zurück in die Geschichte zeigt jedoch, dass dieser »helle Zustand« ein vergleichsweise junges Phänomen ist. Dies gilt insbesondere für die Beleuchtung des öffentlichen Raums.[1]

Vorreiter bei der Einführung der Straßenbeleuchtung in Europa waren die beiden großen Metropolen London und Paris, wo 1662 bzw. 1667 in großem Maßstab Laternen zur nächtlichen Erhellung der Straßen und Plätze aufgestellt wurden.[2] Andere europäische städtische Zentren folgten rasch.[3] Im Heiligen Römischen Reich Deutscher Nation war Hamburg 1673 die erste Stadt, die sich eine Straßenbeleuchtung leistete, gefolgt von Berlin 1679, Wien 1687, Hannover 1696, Leipzig 1702 und Dresden 1705.[4] Im Verlauf des 18. Jahrhunderts avancierte die Straßenbeleuchtung dann zumindest in den größeren Kommunen des deutschen Sprachraums zur urbanen Standardausstattung, und in der Zeit um 1800 begannen dann auch immer mehr Städte mittlerer Größe, öffentliche Laternen aufzustellen.[5]

Dabei kamen in der Regel Straßenlaternen zum Einsatz, die mit pflanzlichem Öl betrieben wurden, seltener solche, in denen Pech, Tran oder Kerzen für Helligkeit sorgten.[6] Aufgestellt wurden diese Laternen teils auf eigens dafür errichteten Pfählen, häufiger jedoch wurden die Häuserwände zur Anbringung genutzt. Entweder wurden die Leuchten dort mit festen Halterungen angebracht, oder es kamen Seilzugsysteme zum Einsatz, wie beispielsweise in Paris. Die Halteseile waren an den Hauswänden befestigt, und man konnte die Laternen zum Anzünden herunterlassen. Technisch veränderten sich die vormodernen Straßenbeleuchtungen des 17. und 18. Jahrhunderts, von einer Ausnahme abgesehen, kaum: Diese Ausnahme war die sogenannte Reverbere, eine Öllampe mit Docht, deren Licht durch einen Reflektorspiegel verstärkt wurde. Diese Innovation kam 1769 in Paris erstmals im großen Stil zum Einsatz; andere Kommunen wie beispielsweise Frankfurt oder Nürnberg folgten im ausgehenden 18. Jahrhundert.[7]

linke Seite:
Straßenlaternen in Paris,
Holzschnitt 1720

rechte Seite:
Auszug aus einer deutschen
Laternenordnung, 1689

Natürlich lagen auch die mit diesen Laternen erreichbaren Lichtstärken weit unterhalb der Leuchtkraft von Gaslaternen oder gar elektrischen Lampen. Dennoch stellte die Einführung von Straßenbeleuchtungen eine bedeutsame qualitative Veränderung im europäischen Städtewesen der Frühen Neuzeit dar. Erst durch die nächtliche Erleuchtung wurde der öffentliche urbane Raum auch in solchen Zeiträumen nutzbar, in denen bislang Dunkelheit herrschte. Zwar hatte man sich auch zuvor zu behelfen gewusst: Wer immer in den Monaten zwischen Oktober und März in den Abendstunden in einer Stadt unterwegs war, konnte nur eine eigene Handlaterne oder einen Kienspan mitführen, um seine Umgebung wenigstens notdürftig zu erhellen. Diese individuelle Form der »Straßenbeleuchtung« hatte aber zwei gravierende Nachteile: Zum einen konnten Handlaternen und Kienspäne bei der Lichtausbeute nicht einmal

Januarius.					Februarius.				
Von 6. biß 21. werden die Lampen des Morgens ausgelöscht umb 6¼ Uhr.					Von 5. biß 14. werden die Lampen des Morgens ausgelöschet umb 6. Uhr/ und von 16. biß 18. umb 5¾ Uhr.				
Monats Tag	anst.	lesch.	bren.	Uhren.	Monats Tag	anst.	lesch.	bren.	Uhren.
1 Abends	5	12	7		1 Abends	6	2¼	8½	
2	5	1½	8½		2	6	3½	9½	
3	5	2½	9½		3	6	4½	10½	
4	5	3½	10½		4	6	5½	11½	
5	5	5	12		5	6	6	12	
6	5	6½	13½		6	6	6	12	
7 Rauch Röhr rein machen.	5	6½	13½		7 Rauch Röhr rein machen.	6	6	12	
8	5	6½	13½		8	6	6	12	
9	5	6½	13½		9	6	6	12	
10	5	6½	13½		10	6	6	12	
11	5	6½	13½		11	6	6	12	
12 Rauch Röb rein machen.	5	6½	13½		12 Rauch Röbr rein machen.	6	6	12	
13	5	6½	13½		13	6	6	12	
14	5	6½	13½		14	6	6	12	
15	5½	6½	13		15	10	6	12	
16	7	6½	11½		16 Abends	12	5½	7½	
17	9	6½	9½		17 Nachts	1	5½	5½	
18 Abends	11	6¼	7½		18 Nachts	2½	5½	4½	
19 Nachts	12½	6½	6		19				
20	2	6½	4½		20				
21 Nachts	3½	6½	3		21				
22					22 alles rein machen.				
23					23				
24 alles rein machen.					24				
25					25				
26					26				
27					27 Abends	6¼	10	3¼	
28 Abends	5½	9	3½		28 Abends	6½	12	5½	
29	5½	11	5½						
30	5½	2	6½						
31 Abends	5½	1½	8						

Diesen Mon. brennen 247½ Stunden.

Diesen Mon. brennen 189½ Stunden.

mit den öffentlichen Laternen des 17. und 18. Jahrhunderts mithalten. Und zum anderen waren sie für weite Teile der damaligen Stadtbevölkerung schlicht zu teuer. Die öffentlichen Straßenlaternen hingegen leuchteten prinzipiell für jedermann.

Allerdings strahlten auch sie keineswegs gratis. Vielmehr waren sowohl die Einrichtung als auch der Betrieb einer öffentlichen Beleuchtung mit erheblichen Unkosten verbunden. Selbst wenn nur die wichtigsten Straßen und Plätze einer Kommune mit Laternen versehen wurden, stieg deren Zahl rasch in respektable Größenordnungen. Die Hamburger Straßenbeleuchtung beispielsweise startete 1673 mit rund 400 Laternen, in Dresden waren 1705 anfangs 750 geplant, von denen zunächst aber nur 651 tatsächlich errichtet wurden.[8] Am Ende des 18. Jahrhunderts verbreiteten dann mehr als 1 200 Straßenleuchten ihr Licht in der kursächsischen Residenz. Noch größere

Dimension hatte mit 1 325 Laternen im gleichen Zeitraum die Straßenbeleuchtung im ostpreußischen Königsberg.[9] Zu deren Betrieb und Unterhalt mussten jährlich mehr als 4 000 Reichstaler aufgebracht werden. In Würzburg fielen im Rechnungsjahr 1792/93 für die soeben neu eingerichtete Straßenbeleuchtung Gesamtausgaben von 5 934 Gulden an.[10] Den größten Einzelposten machte dabei hier – wie andernorts auch – das Lampenöl aus, für das rund 4 200 Gulden aufzubringen waren. Hinzu kamen die Ausgaben für das Personal, das für das Anzünden und die Überwachung der Laternen erforderlich war. In Dresden waren dies zu Beginn des 18. Jahrhunderts immerhin zwei Laterneninspektoren und 19 Laternenwächter.[11] Die genannten Beispiele illustrieren einen allgemeinen Befund: Für den Betrieb einer Straßenbeleuchtung in einer Stadt des 18. Jahrhunderts waren einige tausend Taler pro Jahr aufzuwenden.

Deshalb war man in den frühneuzeitlichen Kommunen um einen möglichst effektiven Ressourceneinsatz bemüht. Dazu dienten Brennkalender oder Laternenordnungen, mit denen geregelt wurde, wann die Laternen anzuzünden seien und wie lange sie leuchten sollten.[12] Diese Bestimmungen orientierten sich sowohl an den jahreszeitlichen Veränderungen des Tageslichts als auch an den Mondphasen. Exemplarisch lässt sich das an einer aus dem Jahr 1689 überlieferten und wahrscheinlich aus Hamburg stammenden Laternenordnung zeigen.[13] Für den Monat Januar war dort eine Gesamtbrenndauer der Laternen von insgesamt 247 ½ Stunden vorgesehen, im Februar sank dieser Wert schon auf 189 ½ Stunden, und bis zur sommerlichen Tag-und-Nacht-Gleiche nahmen die monatlichen Leuchtzeiten dann immer weiter ab. Danach stiegen sie wieder an und erreichten im Dezember das Niveau des Januars. Zwischen 6. und 14. Januar waren Brennzeiten von 13 ½ Stunden pro Nacht vorgesehen, im Februar wurden dagegen höchstens noch zwölf Stunden erreicht, in den Sommermonaten waren es dann nur noch wenige Stunden.

Typisch ist auch das Anpassen der nächtlichen Beleuchtungszeiten an die Mondphasen. Besonders lange sollten die Laternen zur Zeit des Neumonds leuchten. Mit zunehmendem Mond sank die nächtliche Beleuchtungsdauer, und während des Vollmonds wurde auf das Anzünden der Laternen gänzlich verzichtet. Der Brennkalender verzeichnet für diese Zeit ein lakonisches »alles rein machen«, was auf die Sauberkeits- und Instandhaltungspflichten der Laternenwächter verweist. Die Rücksichtnahme auf die Mondphasen ist zudem ein Indiz für die Lichtstärke der ölbefeuerten Straßenbeleuchtung. Allenfalls wurde demnach ein Helligkeitsniveau erreicht, das dem einer klaren Vollmondnacht entsprach. Auch die Dresdner Laternenordnung des Jahres 1712 enthielt sehr differenzierte und an die Jahreszeiten und Mondphasen angepasste Regelungen für die nächtliche Beleuchtung der Stadt.[14] Die Spanne der Leuchtzeiten reichte dabei von rund 14 Stunden im Dezember und Januar – Anzünden der Laternen um fünf Uhr nachmittags und Löschung am folgenden Morgen um sieben Uhr – bis hin zu Brenndauern von dreieinhalb bis fünf Stunden in den Monaten Juni und Juli, in denen die Lampen erst um zehn Uhr abends erleuchtet und um zwei Uhr früh wieder gelöscht wurden. Von geringfügigen Änderungen abgesehen, blieb dieser Zeitplan während des gesamten 18. Jahrhunderts in Gebrauch.

Laterne an einer Hauswand, Ausschnitt aus dem Gemälde »Der Neumarkt zu Dresden von der Moritzstraße« von Canaletto, 1750

Angesichts des finanziellen und organisatorischen Aufwands für die Einführung und den Betriebs von öffentlicher Straßenbeleuchtung stellt sich zwangsläufig die Frage nach den Motiven, die zu ihrer Errichtung führten. Die nennenswerte Zahl an Residenzstädten wie Paris, Wien, Berlin, Hannover oder Dresden unter jenen Kommunen, die bereits früh eine öffentliche Straßenbeleuchtung erhielten, legt den Gedanken nahe, dass diese urbane Innovation fürstlichem Repräsentationsbedürfnis entsprungen sei. Tatsächlich lässt sich diese Vermutung nicht von der Hand weisen. Bei allen Haupt- und Residenzstädten war die Initiative zur Errichtung der öffentlichen Laternen von den Monarchen und Fürsten ausgegangen, und diese hatten die finanziellen Lasten übernommen. Auch in Dresden war es August der Starke, der den entscheidenden Anstoß zur Realisierung der schon seit dem späten 17. Jahrhundert geplanten Straßenbeleuchtung gab. Aus hof- und fürstenzentrierter Perspektive wurde die Straßenbeleuchtung so etwas wie eine permanente Fortschreibung jener Illuminationen des städtischen Raumes, wie sie bei höfischen Festen gang und gäbe war. Allerdings waren auch Nicht-Residenzen unter den Pionierstädten in Sachen öffentlicher Beleuchtung, so dass das Phänomen nicht gänzlich mit dem fürstlichen Repräsentationsbedürfnis und dem Nachahmungszwang in der Konkurrenz der europäischen Höfe erklärt werden kann. Es war die Stadtrepublik Hamburg, die als erste deutsche Stadt ihre Straßen systematisch beleuchtete, und im Kurfürstentum Sachsen hatte die Handels- und Messestadt Leipzig im Wettstreit um die erste Straßenbeleuchtung chronisch die Nase vor der Residenz.[15]

Als entscheidend für die Einführung und Verbreitung von Straßenbeleuchtungen erwies sich denn auch nicht das Repräsentationsverlangen der Fürstenhöfe, sondern vielmehr das Bedürfnis nach größerer Sicherheit im öffentlichen Raum. Die Nacht galt seit jeher als bedrohliche und gefährliche Zeit. Rechtschaffene Bürger schliefen des nachts, um sich für den kommenden Tag zu erholen. Nachtaktiv waren hingegen Gestalten wie Räuber, Diebe, Mörder, Prostituierte und anderes nota bene »lichtscheues Gesindel«. Auch unabhängig von krimineller Bedrohung konnte die Nacht in einer frühneuzeitlichen Stadt ein nicht ungefährliches Pflaster darstellen.[16] In so gut wie jeder städtischen Chronik der Epoche finden sich Geschichten von Menschen, die in der Dunkelheit auf den Straßen auf tragische Weise verunglückt waren. Die Spanne reichte vom simplen Ausrutschen mit Verletzungsfolgen bis hin zu schweren Stürzen mit tödlichem Ausgang. Dass dabei nicht selten Alkohol im Spiel war, soll nicht verschwiegen werden. Allen diesen nächtlichen Gefahren sollte mit der Beleuchtung der Straßen und Plätze entgegengewirkt werden. In exemplarischer Prägnanz brachte der französische König Ludwig XIV. ein Leitmotiv zum Ausdruck, als er die erfolgreiche Einführung der Straßenbeleuchtung in Paris durch eine Gedenkmedaille würdigte:[17] Sie zeigt auf der einen Seite ein Porträt des Königs und auf der anderen die weibliche Verkörperung der Stadt Paris, die in der linken Hand eine strahlende Laterne und in der rechten Hand eine gefüllte Geldbörse hält. Ob man dies nun als Hinweis auf die gesteigerte nächtliche Sicherheit oder als Symbol für die Kosten der Straßenbeleuchtung nehmen will, sei dahingestellt. Entscheidend ist vor allem die Umschrift »urbis securitas et nitor« – zu

Blick von der Brühlschen Terrasse (mit neuer Gasbeleuchtung), Radierung von C. F. Meser, 1825

Deutsch: Sicherheit und Eleganz der Stadt. Damit hatte der französische Monarch jenes Argument auf den Punkt gebracht, das auch in der Folgezeit stets bemüht wurde, wenn es darum ging, die Einrichtung einer öffentlichen Straßenbeleuchtung zu fordern und zu legitimieren. Dass die künstlich erhellten Straßen schöner und sicherer seien als die unbeleuchteten, das bedurfte keiner Diskussion. Gestritten wurde im Zusammenhang mit öffentlichen Straßenbeleuchtungen – und dies gern und ausgiebig – immer nur über die Frage, wer welchen Anteil der Kosten zu übernehmen hatte.

Mit der Verbreitung und dem Ausbau der öffentlichen Straßenbeleuchtung veränderten sich alle Zeitrhythmen des urbanen Lebens. Laternen machten die abendliche und nächtliche Benutzung von Straßen und Gassen für weite Teile der Bevölkerung überhaupt erst zu einer realen Möglichkeit. Wie die seit dem 18. Jahrhundert allmählich einsetzende »Eroberung der Nacht« durch die Bewohner der europäischen Metropolen zeigt, wurde diese Chance auch gern ergriffen. Die Besucher von Theater und Oper wussten die Vorzüge einer funktionierenden öffentlichen Straßenbeleuchtung ebenso zu schätzen wie die Konsumenten volkstümlicher Formen der Unterhaltung. Im Verlauf des 19. Jahrhunderts wurde die erleuchtete Stadt allmählich zu jener kulturellen Selbstverständlichkeit, wie wir sie heute kennen. Zunächst sorgte die nach 1800 einsetzende Umstellung auf Gasbeleuchtung – Dresden erhielt 1828 die ersten Laternen dieser Art – für eine spürbare Steigerung der nächtlichen Helligkeit. Im ausgehenden 19. Jahrhundert kamen dann die ersten elektrischen Straßenlaternen zum Einsatz.

Anmerkungen

1 Vgl. Lynda Nead, Victorian Babylon. People, streets, and images in nineteenth-century London, New Haven (Conn.) u.a. 2000; John A. Jakle, City Lights. Illuminating the Amerietwa Night, Baltimore/London 2001; Wolfgang W. Schivelbusch, Lichtblicke. Zur Geschichte der künstlichen Helligkeit im 19. Jahrhundert, München/Wien 1983; Mark J. Bouman, Luxury and Control. The Urbanity of Street Lighting in Nineteenth-Century Cities, in: Journal of Urban History 14 (1987), S. 7 – 37; Peter R. Gleichmann, Nacht und Zivilisation, in: Martin Baethge/Wolfgang Eßbach (Hg.), Soziologie. Entdeckungen im Alltäglichen. Hans Paul Bahrdt, Festschrift zu seinem 65. Geburtstag, Frankfurt a. M./New York 1983, S. 174 – 195.

2 Vgl. Eugène Defrance, Histoire de l'éclairage des Rues de Paris, Paris 1904; Boris Barth, Leichen, Röhren und die Straßenbeleuchtung von Paris, in: Christian Kleinschmidt (Hg.), Kuriosa der Wirtschafts-, Unternehmens- und Technikgeschichte. Miniaturen einer »fröhlichen Wissenschaft«, Essen 2008, S. 12 – 14.

3 Vgl. Enrico Guidoni, L'illuminazione a Roma nell'Ottocento, Rom 1986.

4 Vgl. Erik Verg, Licht für Hamburg. 600 Jahre öffentliche Beleuchtung, 100 Jahre elektrische Straßenbeleuchtung, Hamburg 1982; 300 Jahre Straßenbeleuchtung in Berlin. [Katalog zur] Ausstellung im Berlin-Pavillon 18. 9. – 18. 11. 1979, Berlin 1988; Herbert Liman, Mehr Licht. Geschichte der Berliner Straßenbeleuchtung, Berlin 2000; P. G. Müller, Die Einführung der künstlichen Straßenbeleuchtung in den sächsischen Städten, in: Neues Archiv für Sächsische Geschichte 30 (1909), S. 144 – 151.

5 Vgl. (in Auswahl): Wie das Licht in die Stadt kommt. 275 Jahre Straßenbeleuchtung in München, Hg. v. der Landeshauptstadt München, München 2004; Jens Geiling/Doreen Pöschl, Der Fürst, dem kein Licht aufging. Die Dessauer Straßenbeleuchtung um 1800, in: Heinrich Dilly/Holger Zaunstöck (Hg.), Fürst Franz. Beiträge zu seiner Lebenswelt in Anhalt-Dessau 1740 – 1817, Halle/S. 2005, S. 116 – 125; Über die Straßenbeleuchtung in Eisleben um 1800: im Stadtarchiv gefunden, in: Amtsblatt. Amtliches Mitteilungsblatt der Lutherstadt Eisleben mit den Ortschaften Bischofrode, Burgsdorf, Hedersleben, Osterhausen, Polleben, Rothenschirmbach, Schmalzerode, Unterrißdorf, Volkstedt und Wolferode 11 (2001), Heft 8, S. 4 – 5; Peter Lange, Zur Entwicklung der städtischen Straßenbeleuchtung in Mitteldeutschland, in: Helmuth Albrecht (Hg.), Beiträge zur Geschichte von Bergbau, Geologie und Denkmalschutz. Festschrift

zum 70. Geburtstag von Otfried Wagenbreth, Freiberg 1998, S. 106 – 114; Wilhelm Streve, Zur Geschichte der Straßenbeleuchtung der Stadt Jena (nach Akten des Universitäts- und Stadtarchivs), Jena [1933]; Magdeburgs Straßenbeleuchtung im Jahre 1786, in: Montagsblatt. Das Heimatblatt Mitteldeutschlands 71 (1929), Nr. 52, S. 422 – 423; Historisch-topographische Beschreibung der Stadt Halle im Magdeburgischen, Grottkau 1788, S. 38.

6 Zur Geschichte und Technik der Öllampen siehe Jutta Matz/Heinrich Mehl (Hg.), Vom Kienspan zum Laserstrahl. Zur Geschichte der Beleuchtung von der Antike bis heute, Husum 2000.

7 Vgl. www.strassenbeleuchtung.de/index.php?option=com_content&view=article&id=45:geschichte-und-bedeutung&catid=34&Itemid=53 (10. 11. 2015).

8 Vgl. Ulrich Rosseaux, Freiräume. Unterhaltung, Vergnügen und Erholung in Dresden (1694 – 1830) (Norm und Struktur 27), Köln/Weimar/Wien 2007, S. 64 f.

9 Vgl. Ueber die öffentliche Gassenbeleuchtung in Königsberg (mit Tabelle), in: Blätter für Polizei und Kultur 2 (1803), S. 1073 – 1079.

10 Vgl. Rechnungsauszug über die nächtliche Beleuchtung der Hochfürstl. Residenzstadt Wirzburg[!] vom ersten März 1791 bis dahin 1792 (mit Tabellen), in: Journal von und für Deutschland 9 (1792) 11. Stück, S. 953 – 956.

11 Vgl. Ulrich Rosseaux, Die Eroberung der Nacht, in: Dresdner Hefte 27 (2009), Heft 98: Gaststätten, Kneipen und Cafés in Dresden, S. 4 – 14.

12 Vgl. Rosseaux, Freiräume (wie Anm. 8), S. 65.

13 Vgl. hierzu und zum folgenden Tabella der Zeit und Stunden / In welchen die Laternen anzuzünden und wieder zu löschen sind […], o. O. 1689.

14 StadtA Dresden, Ratsarchiv, F XII 3, Die zu Verschaffung des Geleuchtes in hiesige Nacht Laternen benöthigte Kosten, Vol. III 1714 ff., fol. 46 – 53v.

15 Vgl. Craig Koslofsky, The Establishment of Street Lightning in Eighteenth-Century Leipzig. From Society to the Public Sphere?, in: Zeitsprünge. Forschungen zur Frühen Neuzeit 4 (2000), S. 378 – 387.

16 Vgl. exemplarisch Joachim Eibach, Die Straßen von Frankfurt am Main: Ein gefährliches Pflaster? Sicherheit und Unsicherheit in Großstädten des 18. Jahrhunderts, in: Martin Dinges/Fritz Sack (Hg.), Unsichere Großstädte? Vom Mittelalter bis zur Postmoderne (Konflikte und Kultur – historische Perspektiven 3), Konstanz 2000, S. 157 – 173.

17 Vgl. Defrance, Histoire de l'éclairage (wie Anm. 2), S. 38.

Konstantin Hermann

Krieg und Kälte

Kriegswinter in Dresden 1813/14 und 1916/17

Ist der Winter das häufige Extrem des Wetters, so ist der Krieg das immer wiederkehrende Extrem der Menschheit. Auf diese einfache Formel gebracht, tritt das Begriffspaar Krieg und Winter, Krieg und Kälte schon in den frühesten Chroniken in das Bewusstsein der Menschen. »Der vorhergehende Winter war voll rauer Witterung und Pestilenz und strenger Kälte und Orkane und ungewöhnlicher Trockenheit. In demselben wurden die Slaven überwunden«, schrieb Thietmar von Merseburg in seiner berühmten Chronik aus der Zeit 1012 bis 1018.[1] Aber auch schon vorher hatten die »Geschichtsschreiber der deutschen Vorzeit« wie Widukind deutlich die Verbindung von Winter und Krieg hergestellt: Der Lotharinger Immo ergriff »die Waffen gegen den König [Konrad I.], und mitten im Winter von einem Heere umringt, ergab er sich sammt seiner Feste«.[2]

Krieg im Winter stellte an Menschen, Tiere und Material weitaus höhere Anforderungen als im Sommer und stellt somit die Ausnahme dar – zu groß hätten die Verluste sein können, zu groß die Gefahr des Meuterns der Soldaten. Sicher wollten die Chronisten – und das bis heute – die Leistungen von Armeen immer noch aufwerten, indem sie Kämpfe mit einem harten Winter verbinden. Dies gilt nicht nur für Krieger und Soldaten, sondern auch für die Bewohner der Städte, die sich unter den lebensfeindlichen Umständen der großen Kälte gegen Eindringlinge und Belagerer erwehren mussten. Die Chronisten haben seit jeher harte Winter besonders betont und mit zahlreichen Metaphern ausgeschmückt.

Es ist also beleibe kein neues Motiv der Geschichtsschreibung, wenn in einprägsamer Alliteration von Krieg und Kälte die Rede ist. Beim Dresdner Chronisten Anton Weck finden wir ebenfalls die Erwähnung von Kriegszügen im Winter, wenn er z. B. den Einfall des schwedischen Generals von Pfuehl 1640 schildert. In den Geschichtswerken über den Siebenjährigen Krieg scheint sich der Winter immer häufiger zum kriegsentscheidenden Element entwickelt zu haben. Was vorher Gottes Fügung war, wurde nun, im Zeitalter der Aufklärung, der Einfluss der Natur auf das Kriegsglück. Der »General Winter« avancierte zum wichtigsten Verbündeten oder Gegner kriegerischer Handlungen, bis hin zum Zweiten Weltkrieg, als er vorgeblich die Wehrmacht vor den Toren Moskaus 1941 stoppte. Es scheint retrospektiv so, als seien die Entscheidungsschlachten der Geschichte häufig im Winter geschlagen worden. Seitdem immer öfter die Zivilbevölkerung in die Kriege hineingezogen wurde, also im 19. und vor allem 20. Jahrhundert, stellte sich auch die Frage der Kriegsführung im Winter neu. Durch die Blockade von Städten und ihr Aushungern, durch Angriffe auf zivile Ziele und die Integration der »Heimatfront« in das Kriegsgeschehen war die Bevölkerung ganz anders vom Krieg betroffen als in früheren Jahrhunderten. Dies lässt sich eindrücklich auch am Fall Dresden schildern.

Der Kriegswinter 1813/14

Wenn sich Fortuna von siegreichen Feldherren abwendet, erzwingen diese oft Entscheidungsschlachten; sei es, um das Schicksal zu wenden oder zu besiegeln. Als Napoleon zu seiner letzten siegreichen Schlacht aufbrach, der um Dresden am 26. und 27. August 1813, hatte sich einige Wochen vorher, im Juni, Österreich den Verbündeten angeschlossen. Das verschob das Kräfteverhältnis deutlich und bedrohte das mit Napoleon verbündete Sachsen. Dresden avancierte zum Heerlager der französischen Armee; mit schlimmen Folgen für die Einwohner. Im Mai waren die Verwundeten aus der Schlacht bei Bautzen in die sächsische Residenzstadt gebracht worden; am 1. Juni befanden sich 30 000 kranke und verwundete französische Soldaten in Dresden.[3] Das war schon mehr als die französische Besatzung, die lediglich 25 000 Soldaten umfasste. Wilhelm von Kügelgen schilderte eindrucksvoll die Bedrängnisse der Bevölkerung.[4]

Die österreichischen Truppen hatten am 24. August Dresden erreicht, die Preußen Dippoldiswalde. Am gleichen Tag griffen russische Truppen die Dresdner Vororte an. Was heißt Belagerung und Einmarsch in den Augen der Bevölkerung: Tod, Feuer, Vergewaltigung, Plünderung. In den heute eingemeindeten ehemaligen Dörfern Dresdens tobten die Kämpfe. Es gehört zu den Grundregeln des Krieges, in wichtigen Schlachten die eigenen Soldaten in Rage zu bringen, damit sie rücksichtslos kämpfen. Den russischen Soldaten wurde z. B. gesagt, die Dresdner würden die Gefangenen mit kochendem Wasser übergießen.[5] Der konzentrierte Angriff auf Dresden begann am 26. August. Die Wende in der Schlacht brachte das Eintreffen Napoleons von Stolpen her, der von den Dresdnern begeistert begrüßt wurde. 100 000 alliierte Soldaten standen 70 000 französischen gegenüber – bei einer Bevölkerung Dresdens von 50 000 Einwohnern.

Die französischen Soldaten mussten natürlich untergebracht werden: Das Einquartierungsregulativ vom 1. Juni regelte, dass dies eine Sache aller Einwohner sei, Hausbesitzer und Mieter.[6] In öffentlichen Gebäuden, denen des Königs sowie des Hofstaats, durften keine Einquartierungen vorgenommen werden. Der französische Kaiser beendete die Schlacht am 27. August siegreich. 25 000 gefallene Soldaten waren zu beklagen und ebenso viele Verwundete.[7] »Vom Triumph zum Falle ist oft nur ein Schritt« hatte damals Napoleon prophetisch gesagt;[8] denn in der Völkerschlacht bei Leipzig wurde er im Oktober entscheidend geschlagen. In den Kriegsbeschreibungen erscheint die Bevölkerung so gut wie nie; kaum ein Wort zu ihren Nöten. Ludwig Richter hat in seinen »Lebenserinnerungen eines deutschen Malers« treffend die Situation geschildert und klar formuliert, wie er bei allen Berichten von »großen herrlichen Siegen«, über den »Todesmut der Kämpfenden und ihrer großen Tapferkeit« an das Ende dachte, an das Leiden. Der Bevölkerung kam im Krieg noch keine entscheidende Rolle zu, so auch nicht

Die gesprengte Augustusbrücke 1813
(Titelblatt »Traurige Schicksale
der Stadt Dresden«)

in der Historiografie. Der Chronist Hasche geht z. B. auf vielen Seiten ausführlich auf das Fest der Rückkehr des sächsischen Königs Friedrich August I. ein und gibt noch die Anzahl der versammelten Knopfmacher an; die Schlacht selbst und das Leiden der Bevölkerung im folgenden Winter waren ihm indes nur wenige Zeilen wert.[9]

Verwundete zogen es vor – so steht es mit anderer Betonung bei Ludwig Richter –, auf den Straßen und in den Hauseingängen zu sterben und nicht in den Spitälern, das Lazarettfieber wütete, die Toten wurden entkleidet und aus den Häusern auf die Fuhrwerke geworfen, wo Fuhrleute mit hochgekrempelten Armen auf den toten Körpern herumtraten, damit mehr Platz war. Wo all die Toten dann verscharrt wurden, ist nicht klar – vom »Heldengedenken« und der »stillen Einkehr« des Ersten Weltkriegs war man noch weit entfernt. Die Wasserzufuhr in Dresden stockte, weil die Belagerer in Plauen Bäche abgruben.[10] Eine Hungersnot brach aus, die Bäckereien schlossen, und das Brot wurde durch den Stadtrat verteilt. Geld wurde durch die Franzosen zwar genug in die Stadt gebracht, jedoch vermochten die Dresdner auf Grund der Lebensmittelteuerungen kaum noch etwas zu kaufen. Vermögende Familien wie die von Kügelgen verließen die Stadt oder brachten wie der Bankier Kaskel, der selbst in der Stadt bleiben musste, ihre Kinder in Sicherheit.

Die französische Besatzung hielt sich noch bis zum 12. November 1813. Ihre Kapitulation war auf Bitten der Dresdner Bürger erfolgt. Für sie trat zunächst Besserung ein; Lebensmittelfuhren kamen aus dem Umland, selbst aus Städten wie Rochlitz und Zwickau, nach Dresden hinein.[11] Später ließ der Generalgouverneur, der russische Fürst Repnin, die Dresdner Bürger auffordern, die Vorräte der französischen Armee zu offenbaren. Der Winter 1813/14 wurde besonders kalt. Sogar die Themse fror in jenem Jahr zu (dann erst wieder im Kriegsjahr 1940). Über ständige Temperaturmessungen verfügen wir in Dresden zwar erst seit 1828; jedoch kennen wir viele private Temperaturaufzeichnungen.[12] Zunächst waren der November und Dezember 1813 in Dresden verhältnismäßig mild; erst die Monate Januar bis März 1814 wurden deutlich winterlich; die Temperaturen lagen einige Grad unter den Werten der nachfolgenden Jahre. Nicht umsonst galt der Winter 1813/14 als einer der europäischen »Hungerwinter«. Jedoch ist der Dresdner Minimalwert von damals (− 19 Grad) mit dem »Kohlrübenwinter« 1916/17 nicht zu vergleichen. Von Kältenot war daher in den zeitgenössischen Veröffentlichungen kaum die Rede.[13] Die Erinnerung bricht mit dem Auszug der Franzosen mehr oder minder ab; die Schrecken des Krieges wurden augenscheinlich als weniger bedrohlich empfunden als die Besatzungszeit − oder es ist Ausdruck einer nationalen Geschichtsschreibung.

Im November starben in Dresden bereits pro Woche über 200 Menschen am Typhus, der sich durch Kleidungsstücke schnell verbreitet hatte.[14] An Begräbnissen durften nur noch die nächsten Angehörigen teilnehmen. Im Dezember wurde dieses Reglement nochmals verschärft, da das Nervenfieber weiter zunahm. Laut Kirchennachrichten waren 1813 in Dresden 21 090 Soldaten und 5 552 Zivilpersonen begraben worden.[15] Das Stadtkrankenhaus benötigte private Spenden, um überhaupt arbeitsfähig zu bleiben.

Der Winter 1813/14 war vor allem geprägt durch Krankheiten in Folge des Krieges und das Leiden der Verwundeten aus den Schlachten des großen Kriegsjahres 1813. Die mediale Aufmerksamkeit lag jedoch schon nicht mehr auf Dresden; die Stadt war frei, die Völkerschlacht bei Leipzig geschlagen, die Heere waren abgezogen. Es entstand, anders als hundert Jahre später, keine Erinnerungsgemeinschaft.

Der »Kohlrübenwinter« 1916/17 in Dresden

In den einhundert Jahren nach Napoleon hatte sich die Einwohnerzahl Dresdens mehr als verzehnfacht. Viele ehemals selbständige Dörfer waren inzwischen eingemeindet und hatten ihr Gesicht völlig verändert. Je komplexer die Infrastruktur wurde, desto größer die Anfälligkeit der Stadt. Selbst versorgen konnte sich eine Großstadt wie Dresden schon lange nicht mehr; die Einfuhr von Lebensmitteln, Kohle u. a. war der Lebensnerv der Stadt − Lebensgarantie, die in unwirtlichen Verhältnissen am schnellsten in Gefahr geriet. Und solch eine Gefährdung brachte der berüchtigte »Kohlrübenwinter« 1916/17. Es war der seit Jahrzehnten kälteste Winter; in Dresden herrschten Anfang Februar Temperaturen von − 28 Grad Celsius im Stadtzentrum und − 33 in den

Frontsoldaten
im Winter 1917

hochgelegenen Vororten.[16] Die Zahl der Eistage lag in Deutschland in den Jahrzehnten 1911 bis 1930 mit 23,7 schon deutlich höher als in den vorherigen.[17] Bis zum 24. März 1917 waren in Deutschland elf Menschen erfroren, darunter drei im Erzgebirge, in »Sächsisch-Sibirien«, wie die Reiseführer damals schrieben. Lange Zeit herrschte hier eine Temperatur von – 18 Grad.[18] Ende Januar 1917 hatte es in Dresden starke Schneefälle gegeben. Der Verkehr kam zum Erliegen; die Fuhrwerke mussten die Straßenbahngleise benutzen. Die Lebensmittellieferungen in die Vororte stockten.[19]

Die Belastungen dieses Kältewinters trugen vor allem die Kinder und die Frauen. Ende 1916 arbeiteten in deutschen Großstädten mehr Frauen als Männer (in Dresden 151 000 zu 149 000).[20] Sorgen um Nahrungsmittel und Kindererziehung, Sorgen um den Mann an der Front und die eigene Arbeit bestimmten den Alltag der Frauen. Die Kriegsführung hatte ihr Gesicht verändert. Galt vor dem Ersten Weltkrieg allgemein, dass bei Temperaturen unter – 10 Grad keine Kampfhandlungen durchgeführt werden, kämpften nun Truppen an der Ostfront, z. B. am Rigaer Brückenkopf bei unter – 30 Grad.[21] An der Balkanfront, an der Westfront – überall große Kälte. Doch der Krieg erstarrte nicht, er verlangsamte sich lediglich. Neu war seit dem Kohlrübenwinter die Sorge der Soldaten für die Angehörigen daheim, die Hunger und Not ausgesetzt waren. Der Winter 1916/17 markierte auch eine Wende im »Warenaustausch« zwischen Front und Heimat: Nun schickten vermehrt die Soldaten Nahrungsmittel nach Hause und nicht mehr die Angehörigen an die Front.

Die abnorme Kälte 1916/17 verursachte zwei Hauptprobleme: Sie verschärfte die Nahrungsmittelkrise und führte zu einer Kohlennot. Wärme und Nahrung, die Grundbedürfnisse des Menschen seit jeher, gerieten in Gefahr. Das »schwarze Gold« war, anders als heute, Energieträger für vieles. Kohle war Grundlage der Wirtschaft wie des privaten Lebens, auch das Kochen hing von der Kohlezuteilung ab. Das Kultusministerium hatte die Schulverwaltungen ermächtigt, wegen Kohlenmangels den Unterricht einzustellen. In Dresden hatte die Kohlennot schließlich auch zur Schließung von Theatern und Kinos geführt. Erst im Februar 1917 konnten sie in Dresden zumindest teilweise wiedereröffnen; in anderen Landesteilen Sachsens noch lange nicht.[22] Auch die schon vor dem Ersten Weltkrieg bestehende Wohnungsnot nahm zu, da die Zahl der Neubauten im Krieg stark sank. Kamen 1913 noch 2 594 neue Wohnungen in Dresden auf den Markt, sank die Zahl 1915 auf 735.[23] Wegen der großen Kälte froren die Wasserrohre in den Häusern ein, platzten und richteten Schäden an, die meist erst nach dem Kriegsende gründlich repariert werden konnten. Das Entscheidende jedoch war der Hunger. Die Reichsregierung hatte die Versorgungslage trotz der Gründung des Kriegsernährungsamts im Mai 1916 kaum mehr im Griff. Mangels Alternativen stieg der Verbrauch an Kartoffeln rapide an. Als dann im Herbst die Hälfte der Kartoffelernte durch Fäule vernichtet wurde, blieb nur noch eine Variante: die Kohlrübe. Sie wurde das meistgegessene Lebensmittel im Winter 1916/17. Für fast jedes Nahrungsmittel musste sie als Ersatz herhalten. Die regulären Nahrungsmittel, zwar weiterhin vorhanden, waren für den normalen Arbeiter kaum noch erschwinglich.

Der Typ des Wucherers entstand, der an der Not anderer verdiente. Es waren jedoch nicht, wie die spätere Propaganda gern behauptete, Angehörige der oberen Schichten, die davon profitierten, sondern meist einfache Gewerbetreibende an der »Quelle«. Besonders der Kettenhandel führte zu immensen Preissteigerungen, denen kaum beizukommen war. Ein Fall, der vor dem Dresdner Oberlandesgericht im »Kohlrübenwinter« verhandelt wurde, mag dies illustrieren. Das Konservengeschäft Kunze hatte am 13. Mai 1916 noch 2 000 Dosen Gulasch aus Hamburg zum Preis 5 300 M bezogen, die fünf Tage später an den Chemnitzer Kaufmann Müller für 5 800 M verkauft wurden. Dieser veräußerte die Dosen am 20. Mai an den Grossohändler Raue für 6 200 M, der sie später einem Warenhaus für 6 700 M abgab: in zwei Wochen also eine Preissteigerung von 40 Prozent.[24] Das Oberlandesgericht konnte aber nicht nachweisen, dass es zu künstlichen Preissteigerungen gekommen war. Später griffen die Gerichte ein wie im Fall des Fleischermeisters Guido Ernst Hauenstein, der im November 1916 wegen Wuchers bei Speiseöl (ein Drittel Preisaufschlag) zu vier Monaten Gefängnis und 20 000 M Strafe verurteilt wurde.[25] Aber auch die Gewerbetreibenden wie der Molkereibesitzer Hermann Thiem wollten mitverdienen. Nachdem seine Schweine das zugewiesene Kakaofutter (gemahlene Kakaoschalen, Strohmehl und Spelze) nicht fressen wollten, verkaufte er es als »ungereinigten Kakao«. Misstrauisch gewordene Käufer entdeckten den Betrug; Thiem wurde zu vier Monaten Gefängnis und einer Geldstrafe verurteilt.[26] Fleischgeschäfte schlossen wegen Fleischmangels, und immer mehr Ersatzmittel traten an die Stelle der regulären Lebensmittel: Kaffeeersatz, Brotzusätze, Speiseöl aus Obstkernen usw.

Zugefrorene Elbe im Kriegswinter 1940/41

Selbst das Geld wurde knapp. Wegen Münzmangels wurde in Dresden im »Kohl-rübenwinter« Papiergeld ausgegeben. Natürlich wurden für alles Schuldige gesucht. Die »Judenzählung« im Heer mit Stichtag 1. November 1916 sollte nachweisen, dass sich »die Juden« vor der Front drücken. Aber nicht nur im Heer, sondern auch in den Kriegswirtschaftszentralen wurden die Juden gezählt. Es war klar, dass hier ein neuer Antisemitismus entstand.[27]

Anfang März ermöglichten die Temperaturen die volle Wiederaufnahme der Kämpfe an allen Fronten. Nach Meinung der Militärs hatte die Bevölkerung die ihr zugedachte Rolle an der »Heimatfront« im Winter 1916/17 gut erfüllt: »wie es ja über-haupt mählich klar wird, daß der entscheidende Sieg im Hinterland errungen werden muß«, schrieb »Danzers Armee-Zeitung«.[28] »Das Hinterland wird zum Kriegsschau-platz« – die Zeitung schwelgte im stolzen Bewusstsein einer Bevölkerung, mitkämpfen zu dürfen. Auch Propaganda war ein Stück der modernen Kriegsführung geworden.

Der »Kohlrübenwinter« mit seiner Nahrungsmittelknappheit, verschärft durch die große Kälte, hat sich tief in das kollektive Bewusstsein eingegraben. Er wurde eines der Schreckensszenarien der Deutschen im Zweiten Weltkrieg. Aber auch die Regie-rung versetzte er in Furcht vor Unruhen, und so ist er bis heute einer der Schlüssel-begriffe in der Geschichte des 20. Jahrhunderts. US-Präsident Woodrow Wilson unter-nahm im Dezember 1917 den vergeblichen Versuch, einen Waffenstillstand zwischen den Feindmächten zu erreichen. Mit den Kesselschlachten an der Somme und um Verdun, die keine Entscheidung brachten, mit dem Hunger war jede Hoffnung auf ein schnelles Kriegsende dahin. Kälte und Hunger führten in Dresden schon am 2. Novem-ber 1916 zu Demonstrationen mit 8 000 Personen, und die Zahl der Proteste nahm zu.

Ähnliche Vorgänge hatte es in Russland gegeben, die im Februar 1917 zur Revolution führten. Die Politik begann sich zu radikalisieren: In Deutschland war die Gründung der USPD im April 1917 dafür ein weiterer sichtbarer Ausdruck.

Der »Kohlrübenwinter« von 1916/17 war keine Jahreszeit, sondern ein »Kriegswinter«, der erstmals die Heimat in das Drama des Krieges massiv einbezog. Für den Zweiten Weltkrieg, der noch viel radikaler wurde – auch mit seinen extrem kalten Wintern – war er wie eine düstere Vorschau.

Anmerkungen

1 Die Geschichtsschreiber der deutschen Vorzeit: Thietmar von Merseburg, XI. Jahrhundert, 1. Bd. [Übersetzung], Berlin 1848, S. 49.

2 Die Geschichtsschreiber der deutschen Vorzeit, Widukinds Sächsische Geschichten, X. Jahrhundert, 6. Bd., S. 66.

3 August Kummer: Die Schlacht bei Dresden und deren Folgen, Dresden, S. 1.

4 Wilhelm von Kügelgen: Jugenderinnerungen eines alten Mannes, Berlin 1870, S. 164 ff.

5 Ebd., S. 6.

6 Ferdinand Gotthelf Fleck: Rechtliche Bemerkungen über die Vertheilung der Einquartierungslast, Dresden 1815, S. 97.

7 Ebd., S. 33, nennt etwa 19 000 Gefallene.

8 Ebd., S. 46.

9 Johann Christian Hasche: Diplomatische Geschichte Dresdens von seiner Entstehung bis auf unsere Tage, Bd. 5, 2: Dresdens neunzehntes Jahrhundert, Dresden 1822 bzw. 1824, S. 146 f.

10 Carl v. Plotho: Der Krieg in Deutschland und Frankreich in den Jahren 1813 und 1814, Bd. 2, Berlin 1817, S. 531.

11 David August Taggesell: Tagebuch eines Dresdner Bürgers [1806–1851], Dresden 1851, S. 191.

12 Beiträge zur Meteorologie des Königreichs Sachsen, 1828–1837, Dresden 1839, S. 3. Die Messungen fanden an der medizinisch-chirurgischen Akademie statt.

13 Traurige Schicksale der Stadt Dresden von Sprengung der Brücke an, bis zur Rettung der Stadt, Dresden, November 1813. Siehe auch: Thomas Hemmann, Markus Gärtner: Die Dresdner Bilderhandschrift aus den Jahren 1812 und 1813 in der Nachzeichnung von Edmund Wagner, Norderstedt 2012.

14 Taggesell, S. 195. Nach Kügelgen sogar 500 pro Woche, S. 201. Nach: Traurige Schicksale, ebenfalls 200, S. 16.

15 Taggesell, S. 227.

16 Die Kälte, in: Prager Abendblatt, Nr. 30 vom 7. 2. 1917, S. 4. Siehe allgemein: Carsten Schmidt. Zwischen Burgfrieden und Klassenkampf. Sozialpolitik und Kriegsgesellschaft in Dresden 1914–1918, Marburg 2007, mit umfangreichen Angaben zu den täglichen Rationen.

17 Otto Meißner: Vergleichung der Anzahl der Eistage und Wintertemperaturen in Dresden (1881–1940), in: Zeitschrift für angewandte Meteorologie, 60 (1943), 8, S. 236–247, hier S. 237. Die Jahrestemperatur lag über den Werten der Vorjahre.

18 Drei Personen bei 18 Grad Kälte im Erzgebirge erfroren, in: Neuigkeits-Welt-Blatt, Nr. 18 vom 24. 1. 1917, S. 6.

19 Starke Schneefälle in Dresden, Fremden-Blatt (Wien), Nr. 52 vom 3. 2. 1917, S. 7.

20 Die deutsche Frau im Kriege, in: Mährisches Tagblatt, Nr. 22 vom 27. 1. 1917, S. 2.

21 Neuigkeits-Welt-Blatt, Nr. 30, 8. 2. 17, S. 4.

22 Auch in Dresden ist die Kohlennot beseitigt, in: Prager Tageblatt, Nr. 43 vom 12. 2. 1917, S. 4.

23 Prager Tagblatt, Nr. 342 vom 10. 12. 1916, S. 5.

24 Wanderung der Gulaschkonserven, in: Arbeiter-Zeitung (Wien), Nr. 95 vom 7. 4. 1917, S. 5. Ein weiterer Fall eines Kettenhandels: Dresden: 37 000 M Strafe für Ölwucher, in: Grazer Tagblatt, Nr. 339 vom 7. 12. 1916, S. 5.

25 Exemplarische Strafe für Lebensmittelwucher, in: Neues Wiener Journal, Nr. 8278 vom 14. 11. 1916, S. 11 f.

26 Aus Dresden wird berichtet, in: Neues Wiener Journal, Nr. 8314 vom 20. 12. 1916, S. 12. Erst verhältnismäßig spät wurden einschränkende Maßnahmen ergriffen wie das am 11. April 1917 von der sächsischen Regierung erlassene Kuchenbackverbot. Deutsches Volksblatt, Nr. 10157 vom 13. 4. 1917, S. 7.

27 Stimmungen im Deutschen Reiche, in: Reichspost, Nr. 542 vom 21. 11. 1916, S. 1.

28 Danzers-Armee-Zeitung, Nr. 7/8, 15./22. 2. 1917, S. 9.

Thomas Kübler, Wiebke Voigt

Wintermode in Dresden um 1900

»Der Winter ist keine Jahreszeit, sondern eine Aufgabe« (Sinclair Lewis). Was so daher gesagt klingt, war um 1900 eine Herausforderung für die Menschen in Dresden, insbesondere auch für die Stadtverwaltung. Was des einen Lust – im dicken Pelz sich leicht vergnügt durch Dresden kutschieren zu lassen, einen Abhang hinunter zu rodeln oder sich gepflegt auf Kufen vor den Augen anderer graziös zu bewegen – das ist dem anderen bloßer Überlebenskampf. »Der Winter ist ein schlimmer Gast, sitzt bei mir zu Hause, blau sind meine Hände von seiner Freundschaft Händedruck.« Der dies sagt – Friedrich Nietzsche, stirbt um 1900, 56-jährig, am Ende eines Sommers, der zu keinen Rekorden in der noch jungen Wetteraufzeichnung neigte. Ein recht »lauer« Winter wartet zu Beginn des neuen Jahrhunderts auf unsere Stadt. Noch am 4. Dezember herrschten über 8 °C, am darauffolgenden Tag gar 9 °C. Frostgrade stellten sich bis zum Ende des Jahres kaum ein. Eine kleine weiße Schneeschicht tauchte zumindest das erste Weihnachten des neuen Jahrhunderts in eine Weihnachtsstimmung. Erst im beginnenden Jahr 1901 brachte der Januar etwas Winter nach Dresden.[1]

Dresden entwickelte sich erst im letzten Drittel des 19. Jahrhunderts zu einer bedeutenden Großstadt und wuchs zu einem der wichtigsten deutschen Industriestandorte heran. Ende der 1880er Jahre erreichte der junge Karl August Lingner (1861–1916) mitten im Winter Dresden, wo er mit Glück eine Korrespondentenstelle in der berühmten Nähmaschinenfabrik »Seidel & Naumann« erhalten hatte. Dort wurden, noch vor der Produktion einer Dresdner Weltmarke, der Reiseschreibmaschine »Erika No. 1«, ab 1872 Nähmaschinen nach dem Singer-Prinzip gefertigt. Diese Unmittelbarkeit der Produktion zeitigte neben der großen Textil- und Textilmaschinenproduktion eine regelrechte Schwemme von »Heimnählereien«. Es wurde genäht, »was die Nadel hielt« – das Schneiderhandwerk florierte, und die Adressbücher waren voll von Angeboten.

In Dresden hergestellte Kleidung wurde vorwiegend auch hier verkauft. Vieles davon fand sich unter anderem im berühmten Kaufhaus Renner an der Südseite des Altmarktes auf der Stange zum Verkauf. Lange wehrten sich die Dresdner Schneider und »Näherinnen« gegen den Handel mit industriell gefertigten Kleidern und deren Vertrieb über die großen Warenhäuser. Trotz langwieriger Prozesse und »Konkurrentenklagen« gründeten sich schnell Geschäfte, die seriell gefertigte Waren mit festen Preisen und gedruckten Preislisten anboten.[2] Das erste Dresdner Modehaus von Joseph

Müller »Au petit Bazar« (Ecke Neumarkt/Frauenstraße) oder das »Maison a la Foire de Leipzig« (Galeriestraße Nr. 6) seien hier genannt. Über 1 000 Eintragungen in den Adressbüchern Dresdens verweisen auf Schneider (vorwiegend für Herren), Galanterie-, Mode- und Putzwarenfabrikanten und entsprechende Händler. Die Nähmaschinen der Fabrik von Clemens Müller war »produzierendes Mobiliar« in unzähligen Haushalten. Vor allem die Herrenkonfektion stand im Vordergrund, und das Kaufhaus Esders – »Spezialgeschäft für Herren-, Knaben- und Kinderkonfektion« – war das Aushängeschild weit über die Stadtgrenzen hinaus.

Die Dominanz des männlichen Geschlechts drückte sich u. a. im Titel einiger Publikationen der 1849 in Dresden von Heinrich Klemm und Gustav Adolf Müller gegründeten »Deutschen Akademie der höheren Bekleidungszunft« (Nordstraße 20) aus: Die »Europäische Modezeitung für Herrengarderobe« oder Müllers »Anthropometrische Trigonometrie für Herrenkleidermacher« stehen hierfür beispielhaft. Wenngleich Dresden natürlich keinen Moderang wie Berlin, Madrid, Paris oder Wien erklimmen konnte, blieb die Akademie keine bloße sächsische Randnotiz, sondern leistete in den über 90 Jahren ihres Bestehens einen wesentlichen Beitrag zur europäischen Modegeschichte. Hierfür sind eine Goldmedaille auf der Weltausstellung 1893 in Chicago und die beachtlichen 40 000 Abonnenten ein klares Indiz.

Abnehmer der Kleidung gab es in Dresden um die Jahrhundertwende genügend. 400 000 Einwohner zählte Dresden damals. Ein Großteil war durch Eingemeindungen hinzugekommen, die mit allerlei politischen Bonbons (Schuldenabbau, Eisenbahn- und Straßenbahnanbindung, Wasserver- und Abwasserentsorgung, Elektrizitätsanbindung) versüßt worden waren. Eine Bevölkerungszunahme auf über eine halbe Million Menschen wurde schon 1905 verzeichnet – Dresden rangierte in Deutschland nun auf dem fünften Platz hinter Berlin, Hamburg, München und Leipzig. Die Stadtverwaltung Dresden mit Gustav Otto Beutler an ihrer Spitze (seit 1895) stellte sich schnell darauf ein: Ein neues Rathaus wurde gebaut, neue Ämter entstanden – insbesondere zur Regulierung der Wohn-, Arbeits-, Gesundheits-, Hygiene- und Sozialverhältnisse in der Stadt.

All diese Entwicklungen trugen wesentlich dazu bei, dass die harte Jahreszeit des Winters zunehmend ihren Schrecken verlor. Ein Auszug aus dem Dresdner Salonblatt spricht für sich: »Aber noch einmal hat sich das Bild des Winters in unseren Herzen gewandelt. Wir haben in den letzten Jahrzehnten nicht nur verlernt, den Winter zu fürchten, wir haben auch gelernt ihn zu lieben. Er ist uns ein Freund geworden, recht ein lustiger, frischer, freudiger. Wir haben gelernt, uns im Eislauf auf der schimmernden Brücke zu schwingen, die er über Fluss und Teich spannt. Wir wagen es im Winter spazieren zu gehen, die Schönheiten der Natur aufzusuchen, oft auf grossen Reisen. Wir beschwingen unsern Fuss noch mit dem Schneeschuh – ja, weise Aerzte verordnen den Nervenkranken für den Winter Liegekuren im Freien. Eingemummelt bis an die Nasenspitze ruhen da die Kranken im Freien, damit sie nur die absolut reine, bakterienfreie Eisluft atmen können, die alle Krankheit ertötet, alle bösen Keime in ihrer Entwicklungsfähigkeit beeinträchtigt. Und wer wollte uns Grossstädtern die Lust und

Der Ulster

behauptet nach wie vor das Feld, nur sind Gesamtlänge und Weite nicht unwesent-
lich vermindert worden. Der Geschmack entscheidet, ob der Ulster ein- oder zwei-
reihig getragen wird. Im allgemeinen bevorzugen Herren von großer Figur den
zweireihigen Ulster.

Ulster nach Maß: **42.— 47.— 55.— 62.— 68.— 73.— 78.— 82.— 89.—** Mk.

Fertige Paletots, Ulster, Kimonos in großer Auswahl.

Bei vorzüglichen Qualitäten und erstklassiger Verarbeitung sind
meine Preise unerreicht billig.

HEINRICH ESDERS :: DRESDEN

Modebericht von Heinrich Esders, Dresden (um 1910): Der Ulster

Freude nicht daran gönnen. Ein bischen Natur, ein bischen Bewegung im Freien tut uns doch so wohl. Es ist gut vorgesorgt für uns Dresdner.«[3]

Entsprechend gab es in der Industrie- und Kunststadt Dresden der vorletzten Jahrhundertwende auch eine ausgeprägte Konsumgesellschaft. Ein Zeitgenosse urteilte: »Dresden steht im Rufe, die Stadt der Rentner und Pensionäre zu sein. Was Dresden vor anderen Großstädten auszeichnet, sei der vornehm behagliche höhere Lebensgenuss, zu dem Kunst und Natur hier gleichermaßen einladen.«[4] Der Schreiber weist aber auch zu Recht darauf hin: »Die ästhetische Außenseite des Lebens verhüllt in Dresden die Mühe und Not des Daseins, die strenge körperliche und geistige Arbeit, die in Dresden von Hunderttausenden geleistet wird.« Dies und eine durchschnittliche Arbeitszeit von 8 ¾ bis 10 Stunden galten auch für das Bekleidungs- und Reinigungsgewerbe, zu denen viele der kleinen Hausschneidereien, Kürschnereien und Reinigungen zählten, die meist in Hinterhöfen existierten und über deren Anzahl nur eine vage Vorstellung anhand der Adress- und Gewerbeausweise im Stadtarchiv Dresden vorliegt.

Nach diesem allgemeinen Einblick in das (winterliche) Leben im Dresden des späten 19. und frühen 20. Jahrhunderts wenden wir uns dem Thema Mode etwas detaillierter zu. Unter Mode verstanden die Zeitgenossen laut Meyers Konversations-Lexikon »die Lebensformen, sofern sie weder durch nationale Tradition, noch durch zwingende Erwägungen, sondern durch wechselnde Tageslaunen bestimmt werden.« Obwohl diese Definition, ebenso wie der heutige Modebegriff auch, auf gesellschaftliche Trends aller Art angewendet werden könnte, sei die Kleidung das Gebiet, »auf welchem die M[ode] am unbestrittensten herrscht«. Da sie dabei keinen rationalen Regeln folge, bringe sie regelmäßig »Modetorheiten« hervor, die unter praktischen und gesundheitlichen Gesichtspunkten nicht nur unvernünftig, sondern teilweise sogar bedenklich waren.[5] Passend dazu heißt es im Dresdner Salonblatt 1907 in einem Zitat: »Wenn die Vernunft Mode wäre, wäre die Mode in keinem Fall Mode.«[6] Die Irrationalität und »Unnatürlichkeit« der Modewelt wurde nicht nur unter Lebensreformern, die in Dresden sehr aktiv waren, oft kritisiert. Angesichts gewisser modischer Auswüchse erscheint das noch heute verständlich, wirken die eng geschnürten Korsetts, die in den 1880er Jahren ihre extremste Ausprägung erfuhren, und die pompösen Hüte, auf denen sich zuweilen ganze Obstkörbe samt üppigem Blumengesteck und riesigen Straußenfedern emportürmten, alles andere als bequem.[7]

Dem Bedürfnis, sich modisch zu kleiden, tat dies in der boomenden Stadt an der Elbe allerdings keinen Abbruch, und an Möglichkeiten für einen ausgedehnten Einkaufsbummel mangelte es ebenfalls nicht. Neben den berühmten und einflussreichen Kaufhäusern Adolph Renner und Hermann Herzfeld am Altmarkt oder Heinrich Esders in der Prager Straße gab es noch zahlreiche andere Warenhäuser, in denen sich die modebewussten Dresdner und Dresdnerinnen ganz nach den aktuellsten Trends aus den Modemetropolen dieser Welt einkleiden konnten. Außerdem existierten viele kleinere Spezialgeschäfte, die mit ihrem spezifischen Sortiment einen bestimmten Kundenkreis ansprachen. Ein Beispiel war das Sportgeschäft von Karl Ansel, das sich auf Berg- und Wintersportausrüstung spezialisiert hatte.[8]

Damenpelze aus Renners Modebericht, um 1906/07

Doch wie sah sie eigentlich aus, die Dresdner Wintermode um 1900? In welcher Kleidung präsentierte man sich beim Tanzen in gehobener Gesellschaft auf einem der zahlreichen festlichen Winterbälle, beim Flanieren am verschneiten Terrassenufer oder beim allseits beliebten Schlittschuhlaufen? Was galt in den Festsälen, auf der Straße oder auf der Eisbahn als »angesagt«? Nun, zunächst einmal dominierte der Kleidungsstil, der auch im ganzen Kaiserreich verbreitet war – Dresden nahm hier keine Sonderstellung ein. Für das heutige Auge ist es schwierig, die fast noch vormodern anmutende Mode um 1900 adäquat zu beschreiben und einzuordnen, ohne sich allzu sehr in Details zu verlieren (ein Stil, der dem des 21. Jahrhunderts nahe kommt, sollte sich erst in den 1920er Jahren etablieren). Einige allgemeine Aussagen zur damaligen winterlichen Garderobe lassen sich jedoch treffen. Dank der Modeberichte der großen Kaufhäuser werden teilweise sogar saisonale Trends greifbar, denn sie fungierten als Modekatalog und Modezeitschrift zugleich: Die Kundinnen und Kunden wurden nicht nur über das aktuelle Sortiment, sondern auch über Formen, Farben, Schnitte und Muster informiert, die gerade »en vogue« waren, und erhielten darüber hinaus Ratschläge, wie diese stilvoll einzusetzen seien.

Generell ist zwischen Gesellschafts- und Abendgarderobe auf der einen und Alltags- und Straßengarderobe auf der anderen Seite zu unterscheiden. Die Bedeutung der »Gesellschaftstoilette«, bei der der Schutz vor Kälte hinter die elegante Optik zurücktrat, ist nicht zu unterschätzen. Wintersaison war immer auch Ballsaison, die Wahl der richtigen Festtagsrobe daher entscheidend.[9] Da sich die feine Gesellschaft ohnehin überwiegend in beheizten Salons aufhielt, reichte für den Weg zum Festsaal ein edler, aber wenig strapazierfähiger Theatermantel, der mehr einem weiten Umhang glich, völlig aus. Die Abendkleider der Damen waren aus feinen Stoffen wie Seide, Velour oder Samt gefertigt und eventuell mit Stickereien, Glasperlen oder Kunstedelsteinen verziert. Dennoch sollten sie nicht zu überladen wirken, da dies die Wahrung der schlanken Linie beeinträchtigen könnte.[10] Die Taille betreffend vollzog sich damals ein beträchtlicher Wandel: Galt zu Beginn des 20. Jahrhunderts noch die eng geschnürte Taille der »femme fragile« als modern, verschwand das Korsett innerhalb der nächsten Jahre aus der Haute Couture.[11] So dominierte um 1910 die nach wie vor figurbetonte, aber korsettfreie Etuipassform, die mit dem beliebten Prinzesskleid im Empire-Stil besonders gut umgesetzt werden konnte.[12] Die Abendgarderobe der Herren zeigte sich – trotz einiger saisonaler Unterschiede bezüglich Schnitt und Länge – eindeutig beständiger und schlichter. Man(n) griff bei kleineren Empfängen zum schicken Smoking, für große Festlichkeiten dagegen zum noch eleganteren Frack, stets in gediegenen Farben.[13]

Im winterlichen Alltag der Dresdnerinnen und Dresdner hingegen wurden andere Prioritäten gesetzt. Hier war das wichtigste Kleidungsstück, zumindest bei einem längeren Aufenthalt im Freien, ein wärmender Mantel. Besonders beliebt war der sogenannte Paletot, ein dreiviertellanger, oft leicht taillierter Damen- oder Herrenmantel, aber auch andere Arten von Mänteln (bei Männern namentlich der Ulster, ein schwerer Herrenmantel).[14] Auch kürzere Jacken für die milderen Tage – bevorzugt

Pferdeschlitten bei Café Pollender im Großen Garten, Foto: Ernst Cammann 1896

Jacketts aus englischen Stoffen – waren auf den Straßen Dresdens anzutreffen. Wintermäntel und -jacken waren meist gefüttert und konnten aus den verschiedensten Materialien gefertigt sein (häufig aus Cheviot). Pelz wurde besonders gerne getragen und galt seit jeher als Statussymbol – je nach Pelzart und Ausführung konnte ein guter Pelzmantel schon einmal um die 200 Mark kosten,[15] also weit mehr als der durchschnittliche Monatslohn eines Dresdner Arbeiters oder gar einer Arbeiterin, die auch schon damals deutlich weniger verdiente als ihr männliches Pendant. Für den kleinen Geldbeutel wurde daher Kunstpelz produziert.[16] Ein weiterer Nachteil des Pelzmantels ist neben dem Preis sein hohes Gewicht. Im Winter 1909/10 wird den Lesern und Leserinnen des Renner-Modeberichts daher empfohlen, eher auf Pelzjacketts zurückzugreifen,[17] da Pelzmäntel einfach zu schwer seien. 1911/12 rät man gar dazu, innerhalb der Stadt ganz auf Pelz zu verzichten und sich stattdessen leichterer Materialien zu bedienen.[18]

Dennoch spielte echter Pelz bei den Winteraccessoires eine große Rolle. Hier konnten vor allem Frauen aus einer breiten Palette verschiedener Stolen, Colliers und Muffen die passenden Stücke für ihr perfektes Winterensemble wählen. Besonders der Muff schien um 1900 ein regelrechtes »Must-have« zu sein, wie Moderedakteure es heute formulieren würden. Das Salonblatt widmete ihm 1906 sogar einen eigenen Artikel.[19] Hier gab es markante saisonale Trends, z. B. galt es im Winter 1907/08 als besonders schick, wenn Kopf, Pfötchen und Schweif der Tiere, aus deren Fell die apar-

74

Modebericht von Kaufhaus Renner: Herbst/Winter 1906/07

ten Modeartikel hergestellt wurden, als »Hingucker« an den fertigen Accessoires belassen wurden.[20] Natürlich variierte auch die Kleidung unter den dicken Mänteln und wärmenden Accessoires je nach Saison. Galt der japanische Stil, besonders der Kimono, 1907/08 noch als unverzichtbar für Damenkostüme,[21] war er bald darauf schon wieder überholt und musste indisch und orientalisch anmutenden Mustern weichen.[22] Dagegen war die Herrenmode, ebenfalls außerhalb des Festsaals, weniger kurzlebig als die Damenmode, doch auch der modeaffine Mann musste sich jedes Jahr bei der Auswahl seines Sacco-Anzugs als Standardherrengarderobe für den Alltag an jeweils anderen Farben und Schnitten orientieren, und war der Unterschied zur vorherigen Saison noch so minimal.[23]

Die Modewelt um 1900 war also ihrem Wesen nach durchaus mit der des 21. Jahrhunderts vergleichbar – wer in modischer Hinsicht am Puls der Zeit bleiben wollte, musste sich nicht nur ständig über aktuelle Trends auf dem Laufenden halten, sondern sich beinahe jährlich neu einkleiden. Dass dies nur den Wohlhabenden möglich war, liegt auf der Hand. Zwar hielten die kurzen Transportwege zwischen den Produktionsstätten und den Ladengeschäften die Preise in der Stadt relativ niedrig und die Konfektionierung der Kleidung hatte dem Bürgertum Zugang zum Modemarkt, der zuvor nahezu exklusiv dem Adel vorbehalten gewesen war, verschafft. Doch zu einer endgültigen »Demokratisierung« der Mode kam es erst in den 1920er Jahren, in denen auch die Arbeiterklasse erstmals richtig von ihr partizipieren konnte.[24] Um 1900 folgte die Kleidung der ärmeren Bevölkerung auch in Dresden eher dem Primat der Praktikabilität und der Erschwinglichkeit als den Regeln der Mode.

Anmerkungen

1 Dresdner Anzeiger FR 12/13 (1900).

2 Hierzu gibt die umfangreiche Kapselsammlung im Stadtarchiv Dresden einen breiten Überblick. Über 200 verschiedenste Firmen sind hierin überliefert; siehe auch Heidrun Reim, Mode und Modehäuser in Dresden, in: Dresdner Geschichtsbuch 2 (1996), S. 152–165.

3 Salonblatt 2 vom 11. Jan. 1908, S. 4 im Stadtarchiv Dresden.

4 Otto Richter u. a., Dresdens Entwicklung in den Jahren 1903–1909. Festschrift des Rates der Königlichen Haupt- und Residenzstadt Dresden zur Einweihung des neuen Rathauses am 1. Oktober 1910, Dresden 1910, S. 197.

5 Meyers großes Konversationslexikon, 6. Aufl., Bd. 14, Leipzig/Wien 1906, S. 11 f.

6 Dresdner Salonblatt. Moderne illustrierte Wochenschrift für Gesellschaft, Theater, Kunst und Sport, Heft 5, 1907 (Datum, Seitenzahl: o. A.).

7 Die Anhänger der Lebensreformbewegung forderten u. a. eine Kleidungsreform. Vgl. dazu Karen Ellwanger/ Elisabeth Meyer-Renschhausen, Kleidungsreform, in: Diethart Kerbs/Jürgen Reulecke (Hg.), Handbuch der deutschen Reformbewegungen 1880–1933, Wuppertal 1998, S. 87–102, hier S. 91 f. Obwohl einige Modehäuser wie Renner diesen Markt für sich erkannten und sog. Reformkleider in ihr Sortiment aufnahmen (vgl. hierzu z. B. Renners Modebericht für H/W 1907/8 in Kapsel 281/III – Adolph Renner 1904–1910, Druckersammlung/Gruppe A, StAD, Signatur 17.2.1, 1907/8), blieb die »Mainstream-Mode« von dieser neuen Bewegung zunächst relativ unbeeindruckt, obwohl es bezüglich des Korsetts durchaus Veränderungen im Sinne der Kleidungsreformer gab (s. u.).

8 Vgl. Preisliste Karl Ansel 1907/8, Kapsel 268/II, Geschäftsempfehlungen Alu–Au, StAD, Sig. 17.2.1, 1907/8. Eine nähere Untersuchung von Wintersportkleidung wäre in Hinblick auf Dresden als Sportstadt nicht gerade uninteressant, kann in diesem Rahmen jedoch nicht geleistet werden.

9 Vgl. Renners Hauptmodebericht H/W 1911/12, Kapsel 281/IV, Geschäftsempfehlungen Adolph Renner 1910–1912, StAD, Sig. 17.2.1., 1911/12.

10 Vgl. ebd.

11 Vgl. Ellwanger/Meyer-Renschhausen (1998), Kleidungsreform, S. 91 ff.

12 Vgl. Renners Hauptmodebericht H/W 1911/12, Kapsel 281/IV, Geschäftsempfehlungen Adolph Renner 1910–1912, StAD, Sig. 17.2.1., 1911/12.

13 Vgl. z. B. Esders Modebericht, Kapsel 272/III – Esders/Eger & Sohn, Druckersammlung/Gruppe A, Sig. 17.2.1, schätzungsweise um 1900 (o. J.) oder Modebericht Robert Eger & Sohn, ebd., 1910/11.

14 Vgl. z. B. Esders Modebericht, Kapsel 272/III – Esders/Eger & Sohn, Druckersammlung/Gruppe A, Sig. 17.2.1, schätzungsweise um 1900 (o. J.).

15 Vgl. Renners Hauptmodebericht H/W 1911/12, Kapsel 281/IV, Geschäftsempfehlungen Adolph Renner 1910–1912, StAD, Sig. 17.2.1., 1911/12. Entsprechende Abbildungen verschiedener Wintermäntel und -jacken sowie die dazugehörigen Preise sind ebenso in anderen Modeberichten zu finden.

16 Vgl. z. B. Renners Modebericht H/W 1907/8, Kapsel 281/III – Adolph Renner 1904–1910, StAD, 1907/8.

17 Vgl. Renners Modebericht H/W 1909/10, Kapsel 281/III – Adolph Renner 1904–1910, StAD, Sig. 17.2.1, 1909/10.

18 Vgl. Renners Hauptmodebericht H/W 1911/12, Kapsel 281/IV Geschäftsempfehlungen Adolph Renner 1910–1912, StAD, Sig. 17.2.1., 1911/12.

19 Salonblatt 2, 1906 (Datum und Seitenzahl: o. A.).

20 Vgl. Renners Modebericht H/W 1907/8, Kapsel 281/III – Adolph Renner 1904–1910, StAD, Sig. 17.2.1, 1907/8.

21 Vgl. ebd., außerdem Salonblatt 41, 12. Oktober 1907, S. 19.

22 Vgl. Renners Hauptmodebericht H/W 1911/12, Kapsel 281/IV Geschäftsempfehlungen Adolph Renner 1910–1912, StAD, Sig. 17.2.1., 1911/12.

23 Vgl. Esders Modeberichte, Kapsel 272/III – Esders/Eger & Sohn, Sig. 17.2.1, schätzungsweise um 1900 bzw. 1910 (o. J.).

24 Vgl. Reim (1996), Mode- und Modehäuser, S. 153 ff.

Neuerscheinungen zur Dresden-Literatur

Norbert Weiß, Jens Wonneberger
Prominente in Dresden
be.bra Verlag Berlin, 304 Seiten, 69 Abb., 19,95 €

Weltstadt wird Dresden vermutlich nie werden, einen gewissen Weltruf hat sich die Stadt im Elbtal aber allemal erworben. Mal in Sachen Kultur und Kulturaustausch, oft aber auch in Sachen Unkultur – als Stadt der ersten Bücherverbrennung im 20., der ersten fremdenfeindlichen »Spaziergänge« im 21. Jahrhundert. Wirkliche Buchstadt war Dresden noch nie, aber wesentlich offener als heute ist sie für Fremde und Fremdes durchaus einmal gewesen. Was einst auf musikalischem Gebiet stattfand – fruchtbare Begegnungen etwa von deutschen (sächsischen) und italienischen Künstlern beidseits der Alpen – das ist durchaus beispielhaft. Auch die Sammelwut des sächsischen Adels hätte ohne den Einfluss italienischer und osmanischer Kunst bei weitem nicht jene Strahlkraft erreicht, von der die Staatlichen Kunstsammlungen heute noch zehren. Was übrigens nur gerecht ist, denn finanziert wurden Sachsen-Augusts Leidenschaften stets auf Kosten des ganzen Volkes.

Exemplarische Eindrücke dieser Prominenz in Dresden beleuchtet das überaus fleißige Autorenduo Norbert Weiß und Jens Wonneberger in seinem neuen Buch »Prominente in Dresden«. Die beiden Schriftsteller arbeiten regelmäßig zusammen und sind dem Kulturleben dieser Stadt so treu wie kenntnisreich verbunden.

Nun haben sie einmal mehr akribische Streifzüge durch Dresdens Vergangenheit unternommen, um Wohn- und Wirkungsstätten prominenter Einwohner aufzuspüren. Dabei ist ein lesenswertes Büchlein entstanden, das hübsche Anekdoten und informative Essays über Künstlerpersönlichkeiten aller Genres sowie über namhafte Sportler und Wissenschaftler vereint.

Inhaltliche Schwerpunkte sind Hygienebewegung und Moderner Tanz, der in Hellerau eine frühe Blüte erlebte und immer mit Namen wie Émile Jaques-Dalcroze, Gret Palucca und Mary Wigman verbunden bleiben wird. Im Kapitel »Die Maler von der Berliner Straße« wendet sich Norbert Weiß der Künstlergemeinschaft »Brücke« zu und erklärt die Herkunft dieses Gruppennamens. Jens Wonneberger schreibt über die Kameraindustrie, die in Dresden beachtlichen Aufschwung erfuhr.

Fast vergessen sind Dresdens einst hochentwickeltes Flugwesen sowie die frühe Internationalität der Gartenstadt Hellerau. In knappen Porträts werden eng mit hiesiger Geschichte verbundene Koryphäen vorgestellt: Manfred von Ardenne etwa, Ida Bienert und Fritz Busch sowie Hans Erlwein, Erich Kästner, Victor Klemperer, Oskar Kokoschka, Martin Andersen Nexö, Erich Ponto, Ernst von Schuch, Herbert Wehner und Friedrich Wolf.

Dieses Miteinander von engagierten Autoren, reichen Mäzenen, von Forschern und Politikern ist erstaunlich. In der Historie von Dresden gibt es großartige Zusammentreffen bedeutender Geister. Je nach eigenem Interesse wird man einige kennen, bei anderen überrascht sein.

Ein besonderes Verdienst dieses Buches ist es, dass auch weniger bekannte Namen genannt werden – freilich in kürzerer Fassung. Ein Lexikon, gar mit dem Anspruch auf Vollständigkeit, will »Prominente in Dresden« nicht sein. Schon aus Platzgründen mussten sich die Autoren auf eine Auswahl beschränken. Mit dem handlichen Resultat kann man nun durch die Stadt ziehen, um Hinweise auf Straßennamen und bemerkenswerte Bewohner zu erhalten. Das dürfte nicht nur für Besucher der Stadt, sondern auch für Eingeborene recht erhellend sein.

Michael Ernst

78

Loschwitz. Illustrierte Ortsgeschichte 1315–2015.
Hg.: Autorenkollektiv
Friebel Werbeagentur und Verlag, Dresden 2015
1 056 Seiten, 2 700 Abb., 49,90 €

Der Weiße Hirsch brachte es zum »Turm« – und Loschwitz nun zu einem Trum(m). 1 056 Seiten, 2 700 Abbildungen und 250 reproduzierte Kunstwerke – wie sehr muss man einen Stadtteil lieben, um ein derartiges Opus Magnum vorzulegen? Matthias Griebel und Holger Friebel konnten über sieben Jahre etwa 50 Mitautoren an ihr Werk binden, um einen Dresdner Ortsteil und dessen 700-jährige Geschichte in allen denkbaren Facetten zu beleuchten. Nachdem Hans-Peter Lühr zum Rundgang durch Loschwitz eingeladen und Dieter Hofmann den Künstlerort am Elbgestade zum Leuchten gebracht hat, geht es in die Vollen. In 22 Kapiteln kann man sich von der »Dorfmitte« des alten Ortes über den »Körnerweg« oder die »Schillerstraße« und die »Schöne Aussicht« bis zum »Simmingschen Ortsteil« vorarbeiten. Kaum ein Haus bleibt dabei unbeschrieben. Man lernt dessen ehemalige oder gar die aktuellen Bewohner kennen und kann in historischen Fotografien schwelgen, die ersichtlich mit großer Akribie und Finesse bearbeitet worden sind. So steht der schwarz-weiße Blick in die Vergangenheit gleichwertig (wenn auch meist faszinierender) neben dem farbigen in unsere Gegenwart. Was sich nun auf wenigen Zeilen als Hausbeschreibung liest, lässt die archivalischen Recherchen und die detektivischen Mühen nur erahnen, die nötig waren, um das zu leisten.

Dann geht's ins »Lolex«, das Loschwitz-Lexikon, die Ortsgeschichte in Stichworten – und das auf 790 Seiten von »Adam, Theo« bis »Zwintscher, Oskar«. Hier weitet sich Ortsgeschichte zur Stadtgeschichte und Landesgeschichte, sächsisch-deutsche Geschichte zur Kulturgeschichte in der Mitte Europas. Man begegnet großen Persönlichkeiten aus Loschwitz-Dresdner Vergangenheit und Menschen, die heute den Stadtteil zu einem der kulturell vitalsten in »Elbflorenz« machen. Doch auch die »Originale« im Viertel sind nicht vergessen; ebenso wenig wie noch die kleinsten Denkmalssetzungen oder Hausumbauten, nicht die Kriege, nicht die Elbhochwasser oder andere Katastro-

phen. Wer gerade einen Scheidungsanwalt sucht, eine neue Wohnung braucht oder wer wissen wollte, wo es die leckerste Eierschecke im Viertel gibt – auch diesem Leser kann geholfen werden, denn die Erwerbs- und Ladenstruktur von Loschwitz ist bis in die heutige Zeit fortgeschrieben. Zahlreiche Querverweise in den Miszellen an anderen Beiträge regen an, dort weiterzulesen. So wird das personelle, institutionelle und geistige Netzwerk sichtbar, auf dessen Grundlage Loschwitz noch immer leuchtet.

Ungewöhnlich am »Lolex« ist allenfalls, dass personenbezogene Artikel mit sachbezogenen gemischt werden, so dass etwa auf »Unger, Hans« die »Vereine« folgen oder vor »Hartmann, Werner« das »Handwerk« steht. Orientierend wirken hier jedoch die Personen-, Sach- und Adressenregister am Ende des Bandes. Dort sind auch die Quellen nachgewiesen, wobei man sich vorstellen kann, dass Hunderte von Gesprächen stattgefunden haben, um ein solches Werk zustandezubringen.

Es scheint, als wüsste man nach der Lektüre des Buches nun alles über Loschwitz. Und man kann sich vorstellen, was es bedeuten würde, wenn jemand sich die Mühe machte, auch über andere Dresdner Stadtteile so zu schreiben. Doch mag es ja sein, dass Loschwitz wirklich so einzigartig und reich ist, wie es die Autoren uns vor Augen stellen. Aufmachung und Gestaltung des Bandes jedenfalls verführen zu Lese- und Augenlust. Wenn man sich dann aufmacht, zu den Bildern und Texten die realen Orte aufzusuchen, hat Loschwitz gewonnen – und zwar vermutlich einen neuen Bewunderer. Die alten Freunde haben sich mit diesem Nachschlagewerk neuen Ruhm erworben und hinter den Hecken, Zäunen und Fassaden eine besondere Geschichte sichtbar gemacht. Nun sieht man wirklich, was man weiß … oder weiß erst richtig, was man schon gesehen hat.

Justus H. Ulbricht

**Kennerschaft zwischen Macht und Moral
Annäherung an Hans Posse (1897–1942)**
Hg. von den Staatlichen Kunstsammlungen
Dresden, Gilbert Lupfer und Thomas Rudert
Böhlau Verlag Köln, Weimar, Wien – 2015,
440 Seiten, 97 Ill., 39,90 €

Hans Posse, der renommierte Dresdner Kunsthistoriker und Galeriedirektor, gehört durch seine exponierte Stellung als »Sonderbeauftragter für das Führermuseum Linz« zu den spektakulären Figuren der Deutschen Kunstszene im 20. Jahrhundert. An seiner Lebensgeschichte lassen sich die Verwerfungen einer dramatischen Kunstentwicklung genauso exemplarisch erzählen wie die Verführbarkeit eines humanistischen Geistes durch die faschistische Macht. Das sind weit über Spezialistenkreise hinaus interessierende Phänomene; sie haben diese Publikation und die ihr vorangegangene wissenschaftliche Tagung im Dezember 2013 inspiriert. Entstanden ist ein anspruchsvolles und lebendig erzähltes, dicht gebautes Kompendium von Untersuchungen, die z. T. auf dem sogenannten »Daphne-Projekt«, der beispielhaften Dresdner Provenienzrecherche, fußen.

Aufgebaut ist das Buch mit seinen 15 Aufsätzen und vier kulturpolitischen Erörterungen relativ chronologisch, wobei der zentrale biografische Text von Mitherausgeber Thomas Rudert mit 90 Seiten Umfang das gedanklich dominierende Zentrum dieser »Annäherung« ist. Rudert entwickelt den Werdegang des aufgeschlossenen, aber konservativen Galeriedirektors aus seiner akademischen Laufbahn, die mit italienischer Barockkunst begann. Sie begründet seine Kunstdiplomatie in der Weimarer Republik ebenso wie seine Ankaufspolitik – immerhin erwirbt er Beckmann, Kokoschka, Munch und Nolde (nicht aber Dix). Dann folgen nach 1933 die Konflikte mit der örtlichen NS-Elite und die »Rettung« durch den spektakulären Führererlass vom Juni 1939. Das alles ist genau recherchiert und dramaturgisch plausibel gebaut.
Weitere Texte ergänzen gut abgestimmt dieses biografische Panorama – etwa Reflexionen über die Beziehung Posses zum Berliner Museumspapst Wilhelm von Bode (Bernhard Maaz) oder eine vergleichende Auswahl von anderen Kunsthistoriker/innen im Nationalsozialismus (Dietrich Dilly) oder eine ausführliche und sehr aufschlussreiche Studie über die Leistungen des Kunsthistorikers Posse von

Jürgen Paul. Was Posse als Kurator geleistet hat, untersucht Birgit Dalbajewa: Zweimal war er Kommissar des deutschen Pavillons auf der Bienale in Venedig, auch sein Konzept für eine »Sammlung moderner Malerei« in der Dresdner Gemäldegalerie erweist sich als eigenwillig. Was Posse mit Dresdner Sammlern verband, erzählt Heike Biedermann; worin sein Rang im Gefüge anderer renommierter Förderer der Moderne wie Will Grohmann und Paul Ferdinand Schmidt bestand, erörtert Konstanze Rudert. Posses Rolle in der Aktion »Entartete Kunst« und sein finaler Großauftrag für Hitler wird von den besten Kennern dieser »dunklen Materie« Christoph Zuschlag und Birgit Schwarz vorgetragen.
Der Bogen des Buches beginnt mit Erörterungen über die Bedeutung des »Falles Posse« für die deutsche Provenienzforschung wie die Kunstgeschichte generell, wobei auch die Dresdner Wurzeln des »Schwabinger Kunstfunds« von 2013 eine Rolle spielen; er endet mit einer Beschreibung der Archiv-Situation, einem lesenswerten Dokumenten-Anhang und solidem Apparat. Natürlich ist diese Edition zuerst ein glänzendes, gut illustriertes Fachbuch, aber wer sich für Dresdner Kunstgeschichte ganz allgemein erwärmen kann, findet hier eine eindrucksvolle Gesamtbeschreibung eines ihrer noch immer erregendsten Kapitel.

Hans-Peter Lühr

Gesamtverzeichnis Dresdner Hefte

* vergriffen.
Die Hefte 1 bis 25 sind als Kopie über die
Redaktion erhältlich. Preis 5 €.
Seit Sommer 2012 stehen die Dresdner Hefte
1 bis 50 in der digitalen Bibliothek der SLUB
Dresden zur Verfügung.

Zuletzt sind erschienen:

Autorenverzeichnis

Quellen

Dr. Konstantin Hermann
Sächsische Landesbibliothek, Staats- und
Universitätsbibliothek (SLUB)
Zellescher Weg 18, 01069 Dresden

Dr. Alexander Kästner
TU Dresden, Institut für Geschichte
Helmholzstraße 10, 01069 Dresden

Thomas Kübler
Amtsleiter Stadtarchiv Dresden
Elisabeth-Boer-Straße 1, 01099 Dresden

Dr. Guido Poliwoda
Bürglenstraße 27, CH-3006 Bern

Dr. Ulrich Rosseaux
Money-Museum Deutsche Bundesbank
Wilhelm-Epstein-Straße 14, 60431 Frankfurt/M.

Christian Schuster, BA
Manitiusstraße 7, 01067 Dresden

Wiebke Voigt
TU Dresden, Institut für Geschichte
Helmholzstraße 10, 01069 Dresden

Dr. Heidrun Wozel
Frankenstraße 56, 01309 Dresden

Bildnachweis
Staatliche Kunstsammlungen Dresden,
Gemäldegalerie Alte Meister   S. 17, 55
Staatliche Kunstsammlungen Dresden,
Kupferstich-Kabinett   S. 37
Stadtarchiv Dresden   S. 69, 71, 74
Stadtarchiv Meißen   S. 29

Fotonachweis
SLUB, Deutsche Fotothek   Titelbild, Innentitel,
S. 5, 11, 17, 19, 20, 21, 29, 31, 47, 49, 55, 57, 65, 73

Bei fehlenden Quellenangaben liegen die Rechte
bei den Autoren.

Titelbild
Wintervergnügen auf der zugefrorenen Elbe,
kolorierter Stich von C. A. Richter, vor 1845

Rückseite
Der Dresdner Striezelmarkt 2015, Foto privat

Impressum

Herausgeber
Dresdner Geschichtsverein e.V.
Wilsdruffer Straße 2, 01067 Dresden
Telefon und Fax (0351) 4956074
info@dresdner-hefte.de
www.dresdner-hefte.de

Redaktionelle Mitarbeit
Sabine Beetz

Redaktionsbeirat
Prof. Dr. Matthias Herrmann
Prof. Dr. Harald Marx
Prof. Dr. Winfried Müller
Prof. Dr. Jürgen Paul
Hans Jürgen Sarfert
PD Dr. Mike Schmeitzner
Dr. Justus H. Ulbricht

Redaktionsschluss
21. November 2015

Bezug
Abonnements sind bei der Redaktion
anzumelden. Direktbezug im Dresdner
Buchhandel und über das Internet.

Herstellung
Sandstein Kommunikation GmbH,
Dresden

Gefördert durch
das Amt für Kultur und
Denkmalschutz
der Landeshauptstadt
Dresden